少儿足球
基础技术与训练

传球与接球

全彩图解视频学习版

青少年足球运动研创组　编著

人民邮电出版社
北京

图书在版编目（CIP）数据

少儿足球基础技术与训练. 传球与接球 : 全彩图解视频学习版 / 青少年足球运动研创组编著. -- 北京 : 人民邮电出版社, 2023.4
ISBN 978-7-115-59993-3

Ⅰ. ①少… Ⅱ. ①青… Ⅲ. ①足球运动－运动训练－少儿读物 Ⅳ. ①G843.2-49

中国版本图书馆CIP数据核字(2022)第167434号

免 责 声 明

作者和出版商都已尽可能确保本书技术上的准确性以及合理性，并特别声明，不会承担由于使用本出版物中的材料而遭受的任何损伤所直接或间接产生的与个人或团体相关的一切责任、损失或风险。

内 容 提 要

"少儿足球基础技术与训练丛书"由 18 位足球训练与教育领域专业人士联合编写，意在为少儿足球教练等执教者提供有效的教学参考。

本书是一本适用于指导 5~12 岁少儿发展足球运动的实用工具书。全书介绍了足球运动中传球和接球的技术要点，通过丰富的高清图片和详细的文字解读，提供了丰富的入门和提高传球与接球技术的练习，并针对 5~12 岁不同年龄段的少儿给出了不同的强化训练组织方案，拿来即用，致力于帮助中小学体育老师、足球培训教练丰富教学内容和方法，进而更有效地帮助少儿培养足球兴趣、提高运动能力。

- ◆ 编　　著　青少年足球运动研创组
  　责任编辑　林振英
  　责任印制　彭志环
- ◆ 人民邮电出版社出版发行　　北京市丰台区成寿寺路 11 号
  　邮编　100164　　电子邮件　315@ptpress.com.cn
  　网址　https://www.ptpress.com.cn
  　北京瑞禾彩色印刷有限公司印刷
- ◆ 开本：700×1000　1/16
  　印张：9.5　　　　　　　　　　2023 年 4 月第 1 版
  　字数：249 千字　　　　　　　2023 年 4 月北京第 1 次印刷

定价：59.80 元

读者服务热线：(010)81055296　印装质量热线：(010)81055316
反盗版热线：(010)81055315
广告经营许可证：京东市监广登字 20170147 号

编委会

前言

在足球技能学习过程中，少儿阶段被认为是黄金时期，因为这个时期的学生学习能力强，吸收知识并迅速模仿动作的能力突出，有较大的热情和积极性参与足球教学活动。因此，我们应该科学合理地设计教学内容和步骤，让学生在快乐的环境中学习足球技能，享受足球带来的乐趣。

传接球技术是足球技能学习和入门的第一课，具有高频使用和广泛应用的特点，贯穿足球技能学习的全周期。在前期学习阶段，传接球作为重要的基本功训练需要进行大量练习，逐步确立触球部位、踝关节角度、重心位置等动作细节，为后续的技战术学习奠定基础；在中期学习阶段，传接球的技术内容不断丰富，难度也随之提高，例如长传球等技术的广泛应用；在后期学习阶段，要学会合理、有效地运用传接球技术完成局部配合、长传转移等技战术层面的内容，同时结合比赛场景进行变化和决策。

除了精彩的进球，足球比赛最吸引人的元素就是准确而巧妙的传球。世界上许多明星球员都因其传接球技术而闻名于世，如德布劳内、哈维、伊涅斯塔和皮尔洛等。他们用一脚精准而富有创意的传球赢得了数以万计的球迷的喜爱。让我们跟随本书一起学习传接球吧！

另外需要说明的是，书中绘制的部分插图，未严格按照比例绘制，仅作示意图辅助阅读即可。

李海鹏
国家体育总局体育科学研究所

目录

第1章　传球技术　001

第2章　接球技术　051

第3章　5~6岁传接球训练　091

扫描右方二维码添加企业微信。

1. 首次添加企业微信，即刻领取免费电子资源。

2. 加入体育爱好者交流群。

3. 不定期获取更多图书、课程、讲座等知识服务产品信息，以及参与直播互动、在线答疑和与专业导师直接对话的机会。

传球技术

FOOTBALL

足球运动的基础是准确传球。传球会用到脚的各个部位，并且根据击球点的不同，腿部的摆动方式也不同。在比赛中，传球可以将队友组织起来，共同控制球权，创造射门机会。传球技术的水平可以通过传球的精准度、时机和力度来评估。

CHAPTER1 ▶

传球要点

球员在传球练习中要有意识地练习用脚的各个部位踢球，并掌握各种踢球方法，以便在实际比赛中灵活运用。

脚的踢球部位及特点

脚跟

用脚跟踢球时，具有较高的隐蔽性，出其不意。

脚背内侧

脚背内侧，即拇趾后方的踢球部位，具有精准度高、力度大的特点，一般用于踢长传球或弧线球。

脚尖

脚尖踢球的动作小，能踢出高速球，但稳定性较差，在比赛中可以起到意想不到的效果。

脚弓

脚弓是应用最多的脚法之一，由于触球面积大，能提升传球和射门的精准度。

脚背外侧

脚背外侧是小脚趾后方的踢球部位，通过小幅度的踢球动作，可以使球的路线发生改变。

脚背

脚背踢球，具有力度大、速度快的特点，常用于大力传球或射门等。

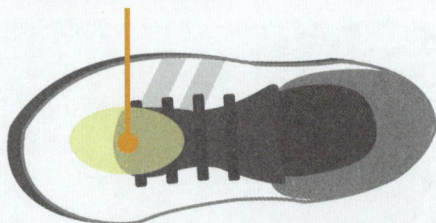

传球要领

- 初学时可以多关注触球部位，但是随着熟练度提高，应逐步将头抬起来，观察四周。
- 支撑脚的脚尖朝向出球方向，支撑脚与球平行。
- 踢球脚的脚踝锁紧。
- 踢球脚随球指向目标。
- 脚内侧传球：脚背向下绷直，脚内侧触球快速摆动小腿，触球点在球的中部，球被踢出的抛物线较低。
- 脚背外侧传球：脚趾朝下将球踢向目标。
- 脚背正面传球：常用于空中长传，触球点位于球的中下部。如果想让球被踢出的抛物线较低，踢球脚不能随球踢到空中。
- 双脚都要练习传球。
- 球速和精准度都是非常重要的。
- 摆腿时快速摆动小腿，大腿摆动幅度不要过大，会导致动作速度变慢，球速降低。

小提示

　　每种传球技术的速度、准确性、力度各有不同，要想提升传球技术水平并在正式比赛中熟练运用，球员在平时的练习中，就需要将各种传球练习配合进行。

脚弓定点踢球（地滚球）

脚弓定点踢球是足球运动的一项基础技能，主要用于基本功训练，利用脚弓踢地滚球是我们首先需要掌握的踢球技巧。

1 球员目视足球，从球的正后方直线助跑。

2 接近足球后，左脚支撑，脚尖朝向出球方向，右腿向后摆。

小提示

跑向足球的过程中要调整身体与足球之间的距离，并且踢球过程中踢球脚向外打开与支撑脚呈约 90 度，用脚弓触球。踢球的动作让人联想到高尔夫球中的推杆，与其说是踢，不如说是用脚弓把球推出去。用这种方式踢球，比较容易将力量传给球。

脚弓触球

地滚球

难度： ★☆☆☆☆

使用频率： ★★★★★

触球点

用脚弓触球，与足球的接触点在球的中心或中心稍偏上的位置。

> 踢球时脚尖翘起，用脚弓踢球。

3 右腿外旋下摆，用脚弓接触足球，在与球接触的瞬间发力。

4 将球踢出后右腿顺势前摆，这一动作可以提高动作的精准度。

知识点

脚弓踢球是从传球到射门中使用次数最多的技巧之一。用脚弓面向出球方向踢球，将球踢出去后，脚不要向上摆动，否则很容易使球的运动轨迹为非直线或使球离开地面。

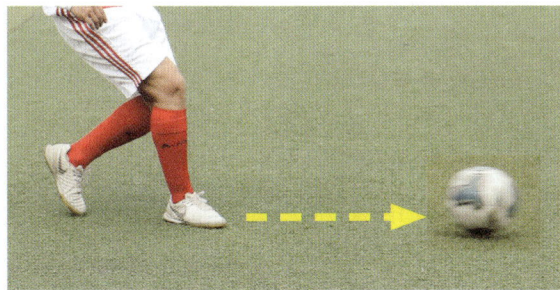

脚弓定点踢球（半高球）

1 球员目视足球，从球的正后方直线助跑，因为借助惯性可以将球踢得更远。

2 身体自然放松，左脚支撑，脚尖朝向出球的方向，身体微后倾，右腿向后摆外旋。

知识点

起球的高度会随着身体向后倾斜的角度和触球点的不同发生变化，身体向后倾斜的角度越大、触球点越靠下，起球的高度越高。

小提示

集中注意力，踢球时脚尖绷紧，击球果断、迅速，注意踢球时身体随惯性微微向后仰，可以更好地发力，保持身体朝向与出球方向一致。

用脚弓踢半高球时，支撑脚的脚尖对准击球方向；击球时踢球脚的小腿迅速前摆，顺着球的方向，用脚弓击球。

用脚弓向正前方
踢出半高球

3 右脚脚弓触球，瞄准球中心稍偏下位置，自下而上将球踢出。右腿顺势前摆。

半高球

难度： ★★☆☆☆

使用频率： ★★★★☆

触球点

用容易贴合球面的脚弓中心触球，与足球的接触点在球的中心稍偏下的位置。

脚弓定点踢球（高球）

支撑腿屈膝，身体后倾

1 球员目视足球，从球的正后方直线助跑。

2 左脚踩在足球左后方的位置作为支撑，脚尖朝向出球方向，微屈膝，身体后倾，右腿抬高向后摆，右脚脚背绷紧。

知识点

脚弓踢球的重点是保证出球的精确性，足球被击出的方向就是支撑脚对准的方向。踢球脚脚弓触球后，小腿肌肉绷紧，腿部发力踢足球偏下的位置。踢球时，如果踢球脚晃动或者有些偏斜，就会影响出球方向的精确性，练习时要多加注意。

脚弓定点踢高球主要用于中等距离传球或特殊场景下传球。该动作踢出的球速不会太快，距离也不会太远，比赛中运用频率相对较低。

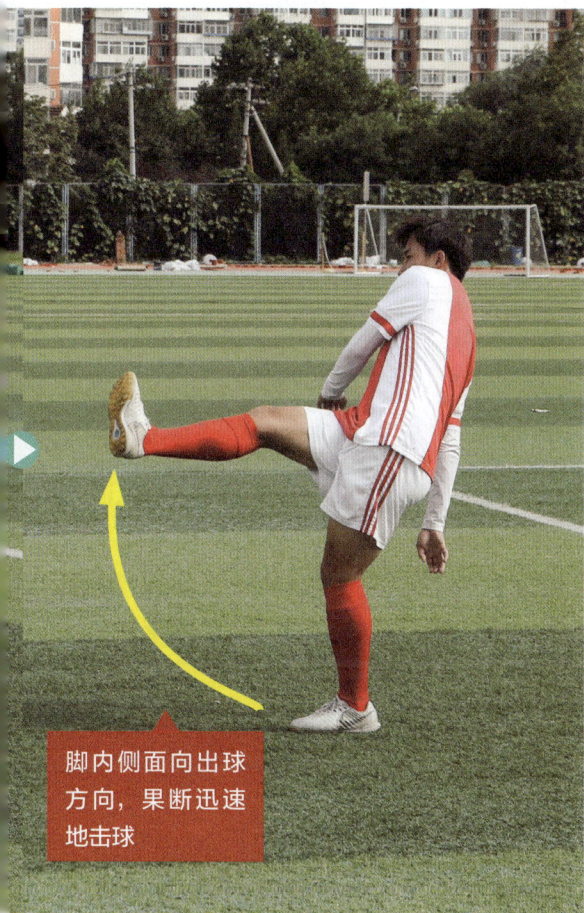

高球

难度：　　　★★★★☆

使用频率：　★★⯪☆☆

触球点

用容易贴合球面的脚弓中心触球。

触球点的位置越偏下，球就被踢得越高。

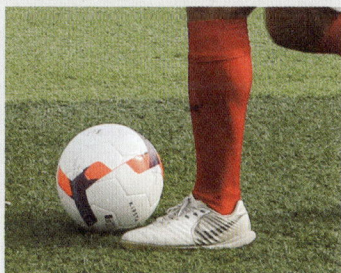

脚内侧面向出球方向，果断迅速地击球

3 右脚脚弓对准球的下部，由下往上将球踢出。身体随惯性自然倾斜，重心稍向后。右腿顺势前摆。

小提示

脚弓踢高球的要点是触球点越偏下，球就会飞得越高。踢球时身体自然倾斜，有助于踢出更高的弧线球。

支撑脚一般置于球的左后方，但触球点在球中心偏下位置时，支撑脚要稍向后、向外撇，这样更容易出脚。

脚弓不停球踢球（直向地滚球）

1 球员目视足球，身体面对来球方向，小碎步做好接球准备。

2 根据球的下落轨迹，调整身体，让上半身正对来球，左脚抓地支撑身体，右腿向后摆。

知识点

不停球踢球与定点踢球在方法上没有太大的区别。不停球踢球的重点是要抓住击球的时机，观察比赛的节奏，算准触球的时机。

小提示

不停球踢球技术适用于所有的踢球动作，初学者可以先从反复踢直向地滚球开始练习。

此动作是基本功训练的进阶。踢球时要掌控好力度，把球踢到预期的位置。掌握正确的不停球踢球的技巧，球员的控球技术会明显提升。

脚弓在触球的瞬间发力

3 在球快要着地的瞬间，左脚支撑右腿后摆。

4 右脚脚弓对准球的中心偏上将球向前踢出，触球后，腿顺势前摆。

直向地滚球

难度： ★★⯪☆☆

使用频率： ★★★⯪☆

触球点

用脚弓中心稍偏下的部位触球，与足球的接触点在球中心稍偏上的位置。

脚弓不停球踢球（变向地滚球）

脚弓不停球踢变向地滚球是用脚弓中心偏下的位置接触球，通过控制脚踝的角度和力度来改变球的方向。

注意观察球的下落轨迹

1 球员目视足球，身体面对来球方向，小碎步做好接球准备。

2 根据球的下落轨迹，左脚抓地支撑身体，右腿向外向后摆。

变向地滚球

难度： ★★★★☆

使用频率： ★★★☆☆

触球点

用脚弓中心稍偏下的部位触球，与足球的接触点在球中心稍偏上的位置。

向不同方向踢出地滚球

3 保持身体稳定，在球快要着地的瞬间，用脚弓踢球右侧中心偏上的位置，并通过调整脚踝的角度和力度，使球飞向左侧。

脚弓不停球踢球（直向半高球）

1 球员目视足球，身体面对来球方向，做好接球准备。

2 根据球的下落轨迹，左脚支撑身体，右腿向后摆。

小提示

球员要判断球从空中下落的位置，然后迅速向该位置移动。支撑腿保持身体稳定，同时将接球脚抬离地面。当球到达下落位置时，接球脚外旋下摆，使脚弓接触足球。这个动作还能缓冲落到脚弓上的球产生的冲击力。

用脚弓不停球踢直向半高球时，踢球的方法与踢地滚球的基本相同。踢球时用脚弓中心触球，触球点在球中心的位置。

向正前方踢
出半高球

3 右腿外旋下摆，脚踝根据触球点的位置调整到合适角度。

4 用脚弓踢球的中心位置，向正前方迅速踢球。

直向半高球

难度： ★★⯪☆☆

使用频率： ★★★★☆

触球点

用容易贴合球面的脚弓中心触球，与足球的接触点在球中心的位置。

脚弓不停球踢球（变向半高球）

1 球员目视足球，身体面对来球方向，小碎步做好接球准备。

2 根据球的下落轨迹，左脚抓地支撑身体，右腿向后摆。

变向半高球

难度： ★★★☆☆

使用频率： ★★★★⯨☆

触球点

用脚弓中心的部位触球，与足球的接触点在球中心的位置。

用脚弓不停球踢变向半高球时，踢球的方法与踢地滚球的基本相同。踢球时用脚弓中心触球，触球点在球中心的位置。

向不同方向
踢出半高球

3 右脚外旋下摆，用脚弓踢球中心的位置，调整脚踝的角度使球飞向不同的方向。

知识点

脚弓中心
触球

正对迎面而来的球，击球的脚面与来球路线垂直，从物理学的角度来讲，球会沿着同样的角度返回。如果想要踢出不同角度的球，就需要通过多加练习来调整脚踝的角度。

脚弓不停球踢球 （直向高球）

脚弓不停球踢直向高球应用脚踝发力，以提高触球的准确性。一般应用于防守队员解围等比赛场景中。

1 球员目视足球，身体面对来球方向，小碎步做好接球准备。

2 根据球的下落轨迹，左脚抓地支撑身体，右腿向后摆。

直向高球

难度： ★★☆☆☆

使用频率： ★★★☆☆

触球点

用脚弓偏上的部位触球，与足球的接触点在球中心的位置。

小提示

接球时要观察球的飞行路线，提前做好抬脚准备，如果脚抬得过高，容易使身体失去平衡，同时掌握出脚的时机尤为重要。

向正前方踢出高球

3 右腿外旋上抬，脚踝根据触球的高度调整到合适角度。

4 用脚弓附近较坚硬的部位踢球的中心位置，迅速将球向正前方踢出。

脚弓不停球踢球 （变向高球）

1 球员目视足球，身体面对来球方向，小碎步做好接球准备。

2 根据球的下落轨迹，左脚抓地支撑身体，右腿向后摆。

变向高球

难度： ★★★☆☆

使用频率： ★★★★☆

触球点

用靠近脚弓偏前的部位触球，与足球的接触点在球中心的位置。

用脚弓不停球踢变向高球时，球员在调整脚踝角度的同时要用脚弓偏前的部位踢球，根据脚踝的不同角度踢出不同方向的球。

向不同方向踢出高球

3 右腿外旋上抬，脚踝根据触球点的位置，调整到合适角度。

4 用脚弓偏前的位置踢球的中心，通过调整脚踝的角度使球飞向不同的方向。

知识点

脚踝稍内旋

踢球脚脚踝的角度及用力的大小不同，球的飞行轨迹会有所不同。为了让身体记住这些差别，球员在平时的练习中要用心体会触球的感觉。

外脚背定点踢球 （地滚球）

1 球员目视足球，从球的正后方直线助跑，估算与球的距离的同时，决定支撑脚的位置。

2 接近足球后，左脚踩在足球左后方支撑身体，但注意离球不能太近，右脚向后摆微内旋。

地滚球

难度： ★★☆☆☆

使用频率： ★★★★★

触球点

用外脚背小脚趾根部隆起的部位踢球。

触球点在球面的中心。

外脚背定点踢球适用于日常基本功训练。比赛中，球员使用外脚背踢球可以提高触球的隐蔽性，起到出其不意的效果。

右腿向前摆动，用力击球

3 用外脚背小脚趾根部隆起的部位瞄准球面的中心，与球接触的瞬间，脚趾用力紧扣鞋底，向前踢球。

外脚背踢球虽然不能踢出特别有力的弧线球，但脚踝容易向外打开，可以从不同的角度盘带运球。

外脚背定点踢球（半高球）

由于脚的构造特点，用外脚背定点踢半高球容易让球旋转并形成弧线。用右脚踢球会使球向右旋转并产生弧线，球员在用外脚背定点踢半高球时必须注意支撑脚的位置并保持身体姿态。

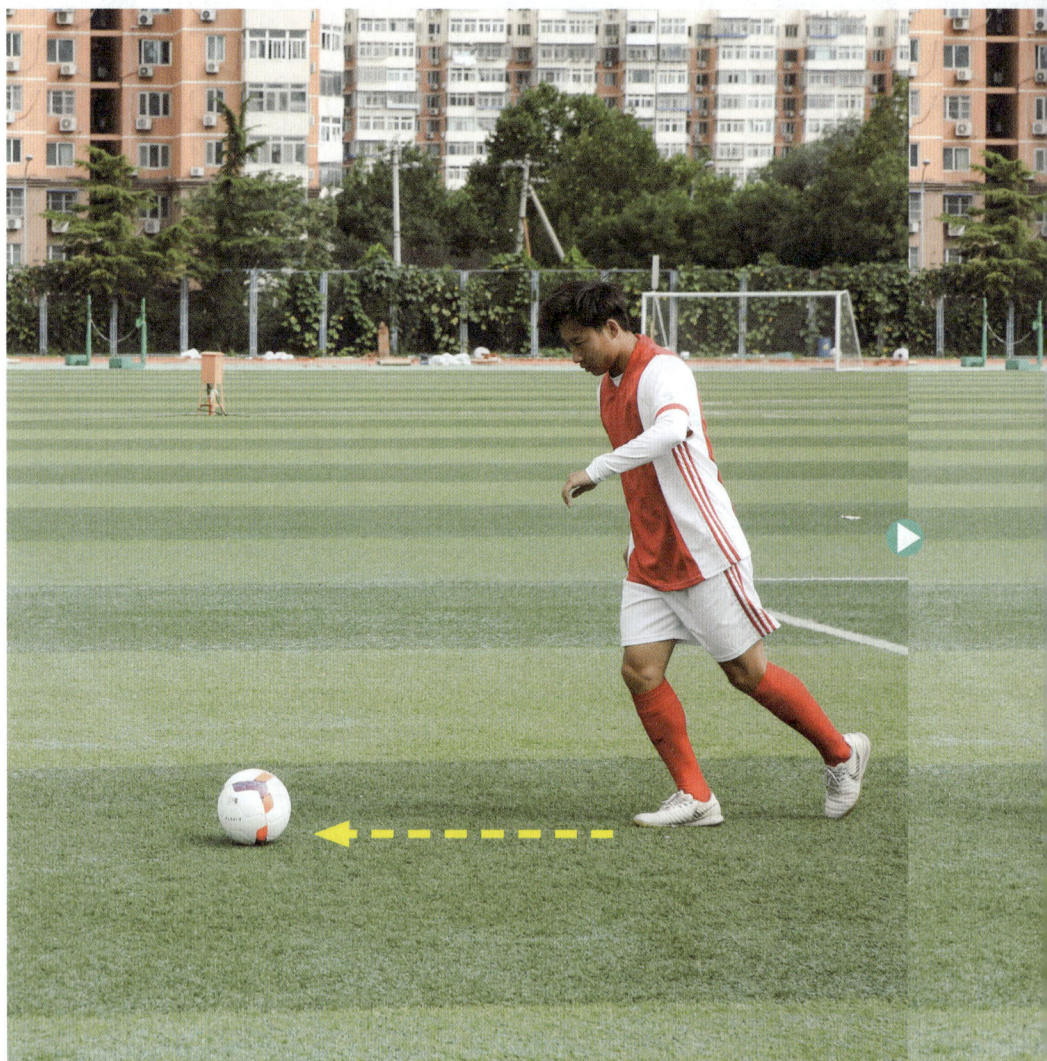

1 球员目视足球，从球的正后方直线助跑，估算与球的距离的同时，决定支撑脚的位置。

2 接近足球后，左脚踩在足球左后方支撑身体，右脚向后摆微内旋。

半高球

难度：★★★☆☆

使用频率：★★★★☆

触球点

用外脚背小脚趾根部隆起的部位触球，斜贴球的中下部。

用外脚背切向球的中下部

3 保持身体稳定，踢半高球时，动作幅度不需要太大。稍微倾斜脚部，用外脚背切向球的中下部，瞄准球的中下部发力，将球向前踢出。

外脚背定点踢球（高球）

1 球员目视足球，从球的侧后方直线助跑，估算与球的距离的同时，决定支撑脚的位置。

2 接近足球后，左脚踩在足球左后方支撑身体，右脚向后摆。

小提示

由于踢高球时踢球脚的摆动幅度较大，球员要注意保持身体平衡，不要用力过猛，这对于切球式踢球来说是很重要的。

知识点

外脚背定点踢球的重点在于"切"球。练习过程中，要注意膝盖以下部位的灵活性和触球瞬间的力度，这些都会影响球的运动方向。

外脚背定点踢高球时，要用离脚尖稍远、靠近脚背里侧的部位触球，大腿带动小腿向前摆动，切向球的中心，使球飞得更远。

3 保持身体稳定，利用髋关节带动右腿向前摆动，从而增大动作幅度，用离脚尖稍远、靠近脚背里侧的部分瞄准球的中心，将球踢出。

高球

难度： ★★★★☆

使用频率： ★★★☆☆

触球点

用外脚背小脚趾根部隆起的部位触球，斜贴球的中心。

脚背定点踢球（地滚球）

1 球员目视足球，从球的斜后方助跑，估算与球距离的同时，决定支撑脚的位置。

2 接近足球后，左脚踩在足球左后方支撑身体，右腿向后摆。

地滚球

难度：	★★★★☆
使用频率：	★★★☆☆

触球点

用靠近脚踝的脚背部分触球，足球的接触点在球的正中或中心稍偏上的位置。

脚背踢球可以很好地将脚部的力量传递给球，但由于球和脚的接触点较小，所以对动作的精准度要求很高。

3 右腿下摆，用脚背对准足球的中心，利用身体扭转的力量踢球。

4 触球后，右腿顺势完成摆腿，提高球的精准度。

小提示

　　踢球时用脚背上骨头凸出的位置踢球，由于脚背与球的接触点较小，要注意让脚与球的接触点准确配合，整个动作迅速流畅。

脚背定点踢球（半高球）

1 球员目视足球，从球的斜后方助跑，估算与球距离的同时，决定支撑脚的位置。

2 手臂打开，保持身体稳定。左脚踩在足球左后方支撑身体，右腿向后摆。

小提示

脚背踢球使用的是脚背中骨头凸出的坚硬部分。由于此部位骨骼坚硬，常用于远距离传球和射门。

脚背定点踢半高球是通过大幅度的摆腿使身体以支撑腿为中心转动，从而把脚部力量有效地传递给球。

身体蓄力，用脚背触球

直向地滚球

难度： ★★★☆☆

使用频率： ★★★★☆

触球点

用靠近脚踝的脚背的坚硬骨骼部分触球。

足球的接触点在球的正中稍偏下的位置。

3 右腿下摆，用脚背对准球中心偏下的位置将球踢出。

知识点

后摆腿的离心力可以使身体以支撑腿为中心转动。在这个过程中，弯曲的膝盖在完成摆腿动作的同时伸直展开，把脚部力量最有效地传递给球。

踢球时要调整好支撑脚的位置和角度，保持身体稳定，以最平缓的角度完成摆腿动作，避免踢球脚蹭到地面。

脚背定点踢球（高球）

脚背定点踢高球是通过大幅度的摆腿使身体以支撑腿为中心转动，踢出的球越高，身体向后倾的幅度越大，触球的位置也越靠下。

1 球员目视足球，从球的斜后方助跑，估算与球的距离的同时，决定支撑脚的位置。

2 手臂打开，保持身体稳定。左脚踩在足球左后方支撑身体，右腿大幅度向后摆。

小提示

要想使踢出的球越高，身体就越要向后倾斜，触球的位置就越往下。

高球

难度： ★★★✬☆

使用频率： ★★★★✬

触球点

用脚背上方靠近脚踝的骨骼微凸部位触球，与足球的接触点在球的中心偏下的位置。

用靠近脚踝的位置踢球的下方

3 身体向后倾斜，同时用脚背上方靠近脚踝的位置触球。

4 瞄准球中心偏下的位置将球踢出。

知识点

踢球时，右腿弯曲的膝盖在完成摆腿动作后应笔直地伸展开。为了避免伸展时蹭到地面，要调整好支撑脚的位置和角度。由于脚背与球的接触面积较小，一定要注意让脚准确找到触球点。

脚背不停球踢球 （直向地滚球）

1 球员目视足球，身体向来球方向移动，小碎步做好接球准备。

2 配合足球接近的时机，左脚抓地支撑身体，右腿向后摆。

直向地滚球

难度： ★★★★☆

使用频率： ★★☆☆☆

触球点

用靠近脚踝的脚背外侧触球。

与足球的接触点在球的中心或中心稍偏上的位置。

脚背不停球踢直向地滚球时，要仔细观察球的运行路线，判断好触球点。

3 用靠近脚踝的脚背偏外部分触球，在球落入膝盖下方较远位置时将球踢出。

知识点

移动身体，踢球腿屈膝，这样更容易找准球的水平重心，从而提高出球的精准度。

脚背不停球踢球（变向地滚球）

脚背不停球踢变向地滚球的难度有所提升，球员必须一边改变身体的方向，一边精准触球。

1 球员目视足球，身体向来球方向移动，小碎步做好接球准备。

2 配合足球接近的时机，左脚抓地支撑身体，脚尖朝向出球的方向，右腿向后摆，用脚背中心偏下的部位触球。

变向地滚球

难度：★★★★★

使用频率：★★☆☆☆

第一章

传球技术

触球点

用脚背中心偏下的部位触球，与足球的接触点在球的中心或中心稍偏上的位置。

触球时脚踝绷紧，注意把握时机

3 在向左侧转动身体的同时将球踢出。

脚背不停球踢球（直向半高球）

1 球员目视足球，身体向来球方向移动，小碎步做好接球准备。

2 配合足球接近的时机，左脚抓地支撑身体，右腿向后摆。

直向半高球

难度：	★★★★☆
使用频率：	★★★☆☆

触球点

用靠近脚踝的脚背稍偏外侧触球，与足球的接触点在球的中心或中心稍偏下的位置。

此动作可用作培养球感的基础练习，常用于踢出较远距离和较长路线的球。球员在练习过程中要注意体会击球时机和找准击球点。

触球

3 保持身体稳定，用靠近脚踝的脚背外侧触球。

4 瞄准球中心或中心稍偏下的位置将球踢出。

小提示

如果触球点准确，即便只用较小的力度也能很好地将球踢出，因此比起刻意用力踢球，放松身体并体会击球时机和击球点更重要。

脚背不停球踢球 （变向半高球）

双臂自然打开，保持身体平衡

1 球员目视足球，身体向来球方向移动，做好接球准备。

2 配合足球接近的时机，左脚抓地支撑身体，右腿向后摆。双臂自然打开，保持身体平衡。

知识点

此动作是用脚背稍外侧的平面部位踢球。如果使用脚背内侧踢球，会使球的飞行路线变为弧线，所以踢球时要瞄准出球路线，快速完成摆腿。

用脚背踢球与用脚弓踢球不同，用脚弓踢球时，膝关节外展击球，而用脚背踢球时，膝关节内扣，脚背绷直。

右腿像画圆圈一样摆动

3 保持身体稳定，触球的位置在靠近脚踝的脚背稍外侧。

4 加上身体姿势的蓄力，瞄准球的中心或中心稍偏下位置，将球踢出。

变向半高球

难度： ★★★★☆

使用频率： ★★★☆☆

触球点

用靠近脚踝的脚背稍偏外侧触球，与足球的接触点在球的中心或中心稍偏下的位置。

脚背直接踢半高球（直向）

脚背直接踢直向半高球需要自下而上发力，在触球的瞬间，脚踝用力，干脆利落地踢出半高球。

1 球员目视足球，身体向来球方向移动，做好接球准备。

2 配合足球接近的时机，左脚抓地支撑身体，右腿向后摆。

直向半高球

难度： ★★★☆☆

使用频率： ★★★★⯪

触球点

用靠近脚踝的脚背偏内侧触球，与足球的接触点在球的中心偏下的位置。

用靠近脚踝的脚背偏内侧踢球

3 将上半身的力量传给脚，右腿向前摆，瞄准球中心偏下的位置将球踢出。

脚背直接踢半高球（变向）

脚背直接踢变向半高球是用靠近脚踝的脚背偏内侧触球，将身体扭转产生的力和后摆腿产生的离心力在触球的瞬间顺利传递给球。

配合来球，侧身并向后摆腿

1 球员目视足球，身体向来球方向移动，做好接球准备。

2 配合足球接近的时机，左脚抓地支撑身体，侧身并向后摆腿。

⚽ 小提示

虽然自下而上踢球会使动作幅度变大，但并不需要因为做大幅度的动作而全身发力，身体可以始终保持自然状态。

4 对准球中心稍靠下的位置将球踢出。

5 将球踢出后，左脚继续抓地保持身体稳定，右腿随身体向前摆动。

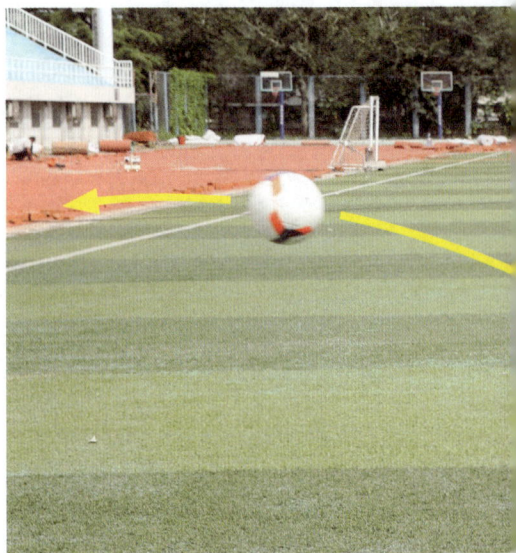

变向半高球

难度: ★★★☆☆

使用频率: ★★★★☆

触球点

用靠近脚踝的脚背偏内侧触球，与足球的接触点在球的中心偏下的位置。

3 将上半身的力量传给脚，转体的同时右腿向前摆腿。

右腿像画圆圈一样摆动

脚尖定点踢球（地滚球）

1 球员目视足球，从球的正后方直线助跑，在估算与球的距离的同时，决定支撑脚的位置。

2 接近足球后，左脚踩在足球左后方支撑身体，右脚向后摆。

地滚球

难度：	★⯨☆☆☆
使用频率：	★⯨☆☆☆

触球点

用大脚趾与二趾的中间部位触球，与足球的接触点在球的中心。

脚尖踢球适用于比赛中的特殊情景，例如捅射、抢断破坏等。用脚尖定点踢地滚球时，重点体会击球位置和动作感觉，做出小幅度的摆腿动作便可发力。由于脚和球的接触面积小，需要瞄准球的中心踢球，防止球向其他方向运动。

脚尖在触球的瞬间发力

3 用大脚趾和二趾的中间部位瞄准球的中心。

4 将球踢出后，右腿随之前摆。

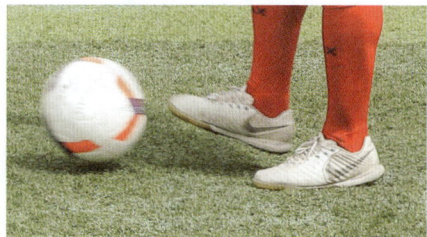

知识点

触球的部位为大脚趾与二趾中间。如果只用大脚趾触球，容易导致脚趾受伤。踢球时，脚趾要绷直，用较小的动作强有力地踢出球。如果动作幅度过大，容易使球脱离控制。

脚尖定点踢球（半高球）

1 球员目视足球，从球的正后方直线助跑，在估算与球的距离的同时，决定支撑脚的位置。

2 接近足球后，左脚踩在足球左后方支撑身体，右脚向后摆。

知识点

脚尖踢球具有很快的出球速度。如果用脚弓踢球，需要将踢球腿向外摆，使脚内侧对准球，脚背踢球则大多需要借助摆动大腿，这些都会增加少许的准备时间；而脚尖踢球只需要快速摆动小腿，节省了很多时间。如果球员能熟练地掌握此动作，就可以在比赛中准确抓住时机。

脚尖踢半高球常常起到出其不意的效果，要注意应尽量小幅度完成该动作，提高动作的隐蔽性。

瞄准球的中心自下而上地踢球

半高球

难度： ★★☆☆☆

使用频率： ★⯪☆☆☆

触球点

伸展脚尖，用大脚趾与二趾中间的部位触球。

与足球的接触点在球的中心偏下。

3 用大脚趾和二趾中间的部位瞄准球的中心，轻轻地向上发力将球踢出。

⚽ 小提示

踢球时要瞄准球的中心偏下，从下向上踢球。如果触球点没有在球的中心偏下，球就会偏离预定的运动轨迹。

脚尖定点踢球（高球）

脚尖定点踢高球时，触球点应在球面更为下方的中心点，动作幅度应稍大些来完成摆腿，由下往上发力，球踢出后的摆腿跟进幅度也要大。

1 球员目视足球，从球的正后方直线助跑，预估好支撑腿与球的距离。

2 接近足球后，左脚踩在足球左后方支撑身体，右脚向后摆。

自下而上瞄准球的中心

3 用大脚趾和二趾的中间部位，自下而上踢球的中心。

4 保持身体稳定，将球踢出的同时右腿随之大幅度上摆。

第 2 章

FOOTBALL

接球技术

接球是指用身体的某个部位将球接住，缓冲球带来的力量并使球处于自己的控制范围内。在比赛中，接球后要时刻保持警惕，防止球被对方抢夺。本章将实战中有效的接球技术分为不同的动作进行讲解，掌握这些动作后，无论面对什么样的来球，都有信心将球停稳，并流畅地衔接下个动作。

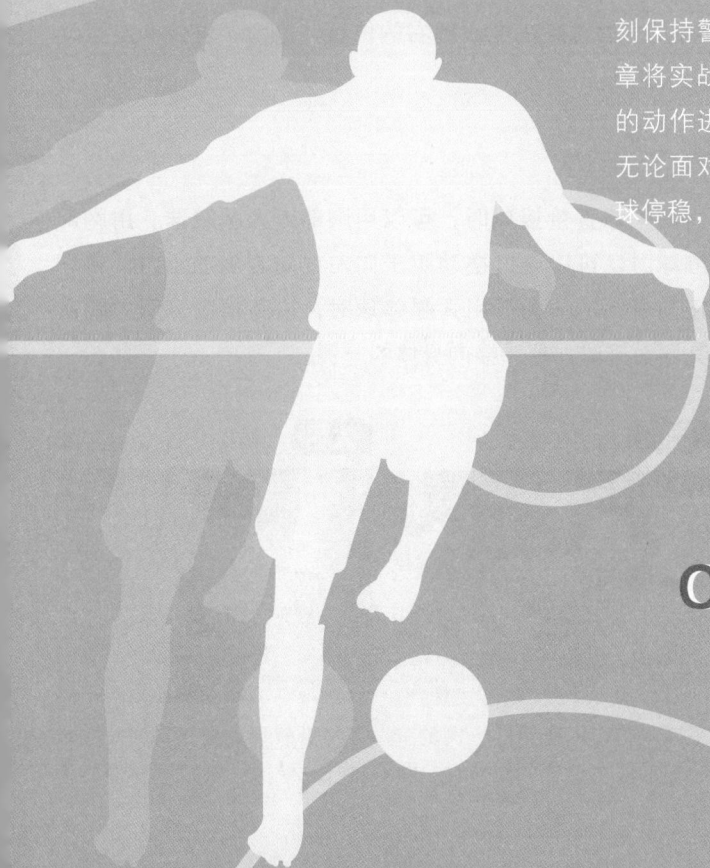

CHAPTER2 ▶

接球要点

想要随心所欲地把球控制在脚下，就要根据实际情况使用相应的身体部位来接球，从而把球停在自己身边。用不同的身体部位接球时，球的运动轨迹会发生不同的变化。

触球点

A. 触球点在球中心偏上的位置，是为了把半高球从空中停下来，要注意控制好球的反弹。

B. 触球点在球中心，是为了在球向前推进或直传时将其停下来。

C. 触球点在球中心偏下的位置，是为了将高球停下来。触球点越偏下，出球越高。

D. 触球点在中心偏左的位置，是为了停住向右运动的球。

E. 触球点在中心偏右的位置，是为了停住向左运动的球。

膝盖以上部位的触球点

面向来球直接接球时，可以用胸部或大腿触球。用胸部触球时，可以通过摆动躯干向左或向右施加压力，将球接向身体的一侧；用大腿停球时，抬高相应一侧大腿用其侧面接球，把球接向身体的一侧。

胸部	大腿

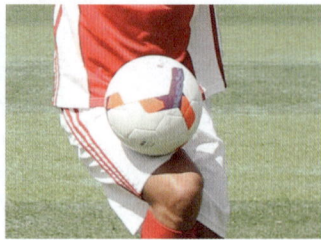

手臂上抬，以在相应一侧的胸肌处形成三角形凹陷区域，将球停向身体一侧。

用大腿前端上前迎球，大腿根部肌肉发达，可以更加准确地接住球。

接球要领

- 用可以极早控球的姿势迎球。

- 面向球场，准备接球。

- 身体对准球的飞行路线，同时要确定用于控球的平面。

- 在触球的一瞬间，与球接触的身体部位要放松，并稍微顺球势移动，从而减弱球的冲力。

- 保持球在附近，不要完全把球停住，要将球带至目标方向。第一次触球应有预见性，要为下一步的行动做好准备（一脚传球、盘带等）。接球时，要用脚的各个表面（内侧／外侧／脚掌）调整球的方向。如果第一次触球出现失误，可能会导致丢失控球权。

- 在球到达之前，要了解对方球员和队友的位置。球员需要提前思考当自己拿到球时，要怎么做。

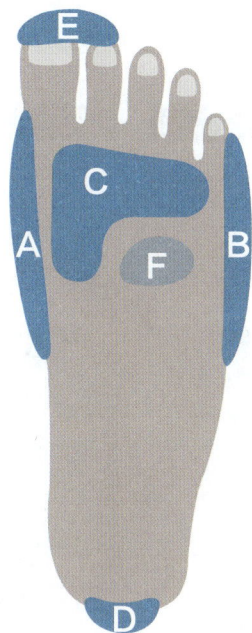

A：脚弓

用脚弓接球，需要提前做好准备，接球后直接将球踢出。

B：外脚背

外脚背难以形成平面，接球时膝盖要弯曲，脚踝向内收。

C：脚背（正脚背）

用正脚背接球要保证脚背绷直，通过支撑脚稳定身体。

D：脚跟

脚跟接球的动作幅度小，需要提高准确接球的意识。

E：脚尖

用脚尖接球时，触球点面积小，可以轻松出球，但要注意触球点的准确性。

F：脚底

用脚底接球时，注意不要将脚上抬过高，否则球容易从脚底滑过。

脚弓原地停球（地滚球）

观察来球的同时外旋脚

1 球员目视足球，身体正对来球方向，做好接球准备。

2 身体放松，支撑腿膝盖微屈，配合足球接近的时机，右脚上抬并外旋。

⚽ 小提示

如果是接力度很大的来球，用脚弓接球会产生很大的反作用力，导致球弹出可控范围外。球员在接球时可以将脚弓贴近地面，使脚弓与地面形成一定的角度，或将接球脚抬高，当球滚到脚下时向下切球，从而稳稳地将球接在脚下。

此动作是在身体静止的状态下，用脚弓将球停稳，这也是控球的第一步。练习过程中要感受不同的球速，使身体姿势随之变化。

地滚球

难度： ★☆☆☆☆

使用频率： ★★☆☆☆

触球点

用容易贴合球面的脚弓中心稍偏前的部位触球。

与足球的接触点在球的中心稍偏下的位置。

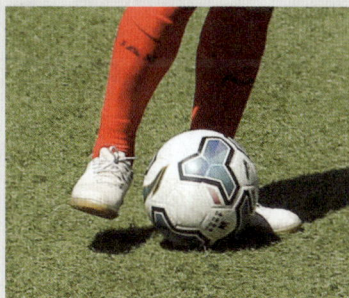

3 脚不要后撤，用脚弓像要包住球面一样触球。

知识点

在比赛中，由于对手的逼抢，可以原地停球的机会较少，但只有正确地完成原地停球，才可以掌握好控球的力度。

在触球的瞬间，接球脚向后方稍加牵引，从而减弱来球的冲力。

脚弓迎球停球（地滚球）

在熟练掌握脚弓原地停球后，就可以练习脚弓迎球停球动作了。因为足球比赛就是对球权的争夺，大多数控球机会都需要主动争取，所以球员需要积极地接球。

1 球员目视足球，身体向来球方向移动，做好接球准备。

2 配合足球接近的时机，身体略微前倾，右脚上抬外旋。

知识点

脚弓的接球面积较大，可以很好地控制力量。来球速度较慢时，可以用脚弓偏上、坚硬的位置停球；来球速度较快时，用脚弓柔软的位置停球。注意用脚踝调节脚部的力量，以稳健地停球。

地滚球

难度：　　　　★☆☆☆☆

使用频率：　　★★★★☆

触球点

用容易贴合球面的脚弓中心稍偏前的部位触球，与足球的接触点在球中心稍偏下的位置。

右脚脚弓向前出脚停球

3 左脚稍向前蹬地，右脚用脚弓停球，减弱球带来的冲力，顺势带球前进，根据下一个动作的需要，调整将球踢出的距离。

小提示

停球的要点在于顺着来球方向自然地停球。不要以自己的身体为轴来停球，而是要根据来球的速度和场上情况，将身体调整为合适的姿势。

外脚背原地停球（地滚球）

用外脚背停地滚球时，脚踝向内转动，触球时脚部卸力。在对方球员抢夺球权时，使用此停球动作可以有效地帮助球员控制双方之间的距离。

脚踝向内转动，准备用外脚背接球

1 球员目视足球，身体正对来球方向，做好接球准备。

2 身体放松，配合足球接近的时机，右脚上抬，同时脚踝内旋。

地滚球

难度： ★★☆☆☆

使用频率： ★★☆☆☆

触球点

用外脚背靠近小脚趾的部位触球，与足球的接触点在球的中心或中心稍偏下的位置。

3 在触球瞬间脚部卸力，用外脚背形成的倾斜平面停球。如果动作熟练、迅速，外脚背停球具有很好地衔接下一个动作的优势。

外脚背迎球停球（地滚球）

1 球员目视足球，身体向来球方向移动，做好接球准备。

2 配合足球接近的时机，在合适的位置左脚踩实，支撑身体，右脚脚踝内旋，脚尖着地。

地滚球

难度： ★★☆☆☆

使用频率： ★★★★☆

触球点

用外脚背小脚趾根部和靠近脚踝的部位触球，与足球的接触点在球的中心稍偏上的位置。

与外脚背原地停球相比，外脚背迎球停球使用的频率更多，但要注意，如果脚踝旋转幅度过大，容易使球飞向外侧，所以要控制好接球时脚踝的角度。

根据球的力量调整脚踝的力度

3 用右脚外脚背停球，在触球的瞬间脚部发力，将球踢出。

小提示

在外脚背与球接触的瞬间，脚踝应放松。如果触球点在球的底部，会使球离开地面，所以触球时要注意脚踝的角度。

知识点

用脚弓停球时，是将整个脚部向外旋，而用外脚背停球只需向内旋转脚踝，所以用外脚背接球更容易衔接下一个动作。

脚底原地停球（地滚球）

脚不要抬得过高，防止球滚到身后

1 球员目视足球，身体正对来球方向，做好接球准备。

2 身体放松，配合足球接近的时机，右脚上抬。

知识点

此动作非常易于掌握，经常用来接各种地滚球和反弹球。其关键在于脚与球接触的位置，正确触球可以顺利衔接后面的动作。脚底停球只需要调整脚部动作，就可以将球调整至不同的方向。不过用脚底停球会降低出球速度。

脚底原地停球具有较高的稳定性，这一动作可以准确地将球控制在脚下，更容易衔接下一个动作，所以无论是在室外还是在室内的足球场，此动作都被广泛使用。

地滚球

难度：　　　★☆☆☆☆

使用频率：　★★★⯨☆

触球点

用脚趾根部触球。

与足球的接触点在球的中上部。

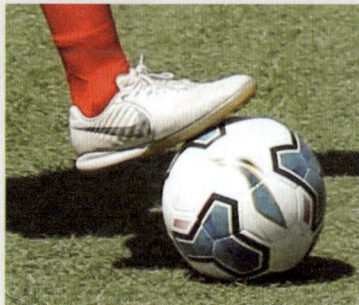

3 用脚底接触球的中上部，将球平稳地停在脚下。

触球时脚跟抬离地面，脚稍后屈，用前脚掌接触球的中上部。

⚽ **小提示**

在比赛中，如果将球停在脚下，很难在原地快速踢出较远距离的球，所以建议在争抢不激烈时使用脚底停球。

脚底迎球停球（地滚球）

用脚底迎球停球有两种方式，一种是先停球再上前，另一种是边上前边停球。这里用的是先停球再上前的方法。脚底迎球停球与脚底原地停球的方法相同，因为停球后还需向前运球，所以支撑脚的位置很重要。

1 球员目视足球，身体向来球方向移动，做好接球准备。

2 配合足球接近的时机，右脚向上抬起，膝盖略微弯曲，防止球滚到身后。

小提示

　　脚底停球后需要迅速进行下一步的推球动作，将球向前推出，如果用脚心接球，球将无法被有效推出，因此使用脚趾根与脚心之间的部位触球，是该动作的关键。用脚底迎球停球时，要注意调整支撑脚和停球位置的距离，距离过远身体将无法保持平衡。

地滚球

难度： ★☆☆☆☆

使用频率： ★☆☆☆☆

触球点

用脚趾根和脚心之间的部位触球，与足球的接触点在靠近球的正上方的位置。

将球稳稳地停在脚下

3 用脚底触球，使球停止运动，然后用脚底将球向前推出，衔接下一个动作。

知识点

接球时注意保持脚尖翘起，这样可以做到用脚掌停球。如果用脚踩在足球正上方压球，容易使球跑到身后，这是用脚底接球时容易出现的失误。

脚弓迎球停球（半高球）

1 球员目视足球，身体向来球方向移动，做好接球准备。

2 根据球的下落轨迹，左脚抓地支撑身体，右脚上抬外旋，做出用脚弓停球的姿势。

用脚弓迎球停半高球时，必须把握好触球时机。由于触球时机与停球部位的不同会使对球施加的力不同，球反弹的高度也会因此而不同。如果在球还未完全下落时就用脚触球，球就会反弹，无法快速衔接下一个动作。

预判球的落点，把握好触球时机

半高球

难度： ★★☆☆☆

使用频率： ★★★☆☆

触球点

用容易贴合球面的脚弓中心稍偏上的部位触球。

与足球的接触点在球的中心稍偏上的位置。

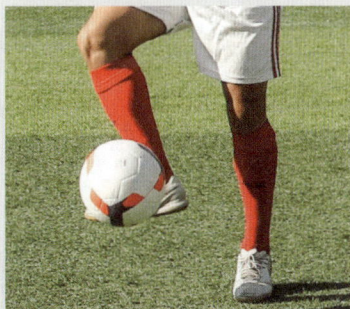

3 球落向膝盖下方，用脚弓触球的中心稍偏上的位置，避免球被踢高。

4 停球后球落向地面，从半高球变为地滚球。

5 顺势带球前进，衔接下一个动作。

让球完全落到膝盖下方，触球的瞬间稍稍收脚卸力，用脚弓轻轻触球。

外脚背迎球停球（半高球）

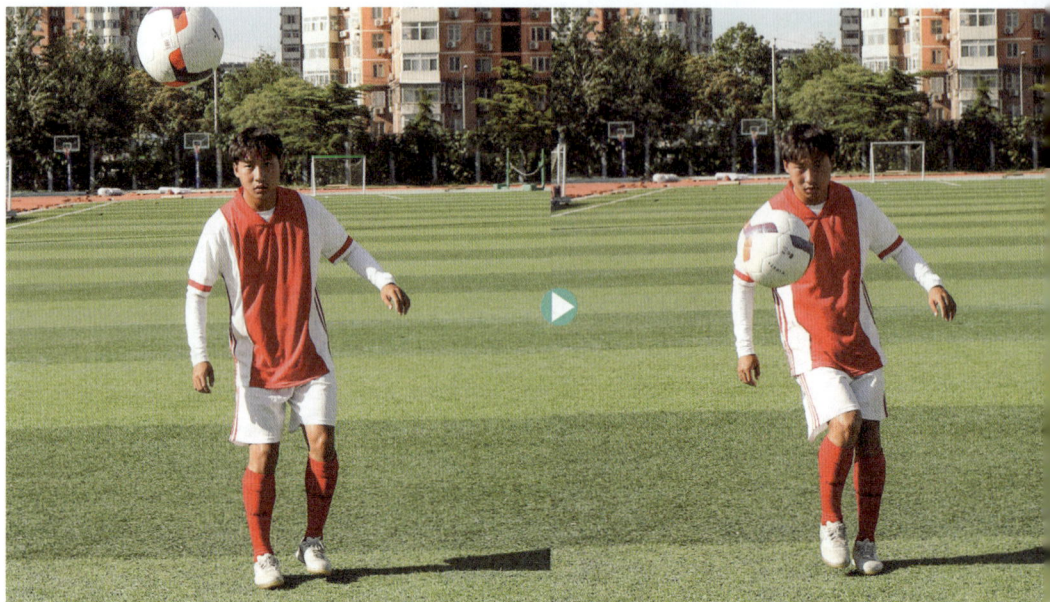

1 球员目视足球，身体向来球方向移动，做好接球准备。

2 根据球的下落轨迹，左脚抓地支撑身体，右脚脚踝内旋，做出用外脚背停球的姿势。

半高球

难度： ★★★✫☆

使用频率： ★★★☆☆

触球点

用外脚背小脚趾根部和靠近脚踝的部位触球，与足球的接触点在球中心稍偏上的位置。

在触球的瞬间脚部发力，但如果力度过大会使球反弹，所以要注意控制好力度。

用外脚背迎球停半高球时，触球的部位与接地滚球的相同。在触球的瞬间轻轻跳起，可以调整脚部力度，从而更加平稳地触球。

脚尖向支撑腿的内侧旋转

3 外脚背正对来球，当球落向膝盖下方时，双脚向上轻轻跳起，同时用外脚背触球的中心稍偏上的位置。

4 停球后球落向地面，从半高球变为地滚球。

5 顺势带球前进，衔接下一个动作。

脚底原地停球（半高球）

1 球员目视足球，在容易停球的位置，做好接球准备。

2 为了让脚可以在球落地反弹的瞬间停住球，要把握好触球时机，右脚上抬，做好脚底停球的准备。

半高球

难度： ★☆☆☆☆

使用频率： ★★⯪☆☆

触球点

用靠近脚尖的部位触球，与足球的接触点在球的上部。

脚底原地停半高球与其他停球动作一样，要把握好球下落的时机。因为是用脚踩在球的上方，所以需要向前伸脚停球。

抬脚以便让脚踩住球

3 当球落向地面时，脚尖向上翘起，右脚稍前伸，用前脚掌接触球的上部，使球平稳地停在脚下。

⚽ **小提示**

　　用脚底停地滚球时，是用靠近脚趾根的部位触球，停半高球时则是用脚尖的部位触球。球在地面弹起后用脚底触球时，脚踝放松，可以起到缓冲的作用，从而顺利减弱球的冲力。

脚底迎球停球（半高球）

支撑脚踩实后
向前跳起

1 球员目视足球，身体向来球方向移动，做好接球准备。

2 根据球的下落轨迹，尽量让脚在球落地反弹的瞬间停住球，右脚上抬，同时左脚踩地轻微向前跳起。

小提示

在比赛中，球员除了要调整力度的大小和触球方式外，还要根据来球的位置调整接球脚的高度。

用脚底迎球停球并让球向前运动时，脚踝需要在用力的瞬间保持触球时的角度，用靠近脚心的部位触球。

3 脚底触球的瞬间脚踝发力并保持触球时的角度，将半高球变为地滚球。

4 顺势带球前进，衔接下一个动作。

半高球

难度：★☆☆☆☆☆

使用频率：★★★☆☆

触球点

用靠近脚心的部位触球，与足球的接触点在球顶。

脚弓迎球停球（半高球）

1 球员目视足球，观察来球的高度和速度，身体向前移动。

2 根据球的下落轨迹，左脚抓地支撑身体，右脚做好接球准备。

半高球

难度：	★★☆☆☆
使用频率：	★★★★☆

触球点

用容易贴合球面的脚弓中心稍偏上的部位触球，与足球的接触点在球的中心。

用脚弓迎球停球并让球向前运动时，要带着让球稍向前滚动的感觉去触球，如果脚的角度和触球位置存在偏差，球的运动路线就可能不会是直线。

用脚弓触球

3 左脚踩地向上跳起，同时用右脚脚弓触球，用触球角度和脚的力度来调整球的飞行路线。

4 将半高球变为地滚球，顺势带球前进，衔接下一个动作。

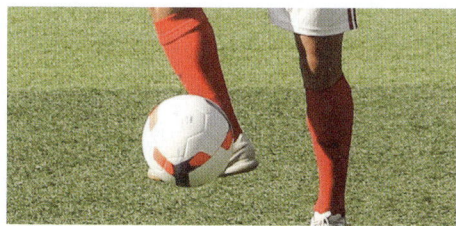

知识点

要控制好触球的力度，如果力度过大，将失去对球的控制；如果力度过小，球就会停顿，而身体会向前。要根据不同的情况改变触球的角度，从而变换球的运行路线。

外脚背原地停球（半高球）

用外脚背原地停半高球时，为了减弱球的缓冲力，需要认真做好接球准备，否则可能会因为控制不好力度而将球踢飞。

右腿外脚背与下落的球垂直

1 球员目视足球，根据来球，调整身体站位，侧向面对来球。

2 左脚抓地支撑身体，右脚上抬外摆，准备用外脚背与接球。

知识点

停球时要注意对踝关节的运用。脚踝在与球接触后向停球方向轻微摆动，方便停球。外脚背停球对于脚踝动作的要求较高，需要多加练习以熟练掌握。

半高球

难度： ★★★☆☆

使用频率： ★★☆☆☆

触球点

用外脚背小脚趾根部和靠近脚跟的部位触球，与足球的接触点在球的中心。

3 用踝关节稍靠前的位置触球，外脚背在与球接触的瞬间抵消球的冲力，脚部放松。

4 将半高球变为地滚球，平稳地将球停在脚下。

⚽ 小提示

用外脚背停球时，脚踝需要灵活地摆动。如果脚踝不够灵活，就不容易控制好触球的力度，导致球无法按目标路线运动。

外脚背迎球停球 （半高球）

1 球员目视足球，观察来球的高度和速度，身体向前移动。

2 根据球的下落轨迹，左脚抓地支撑身体，右脚上抬外摆，做好接球的准备。

⚽ 小提示

在跑动过程中，外脚背停球相比脚弓停球少了一步动作，如果跑动时用脚弓停球的话要多一步调整到左脚脚弓来停球的小碎步，所以用外脚背停球更加方便快捷。

用外脚背停球时，原地停球与迎球停球的触球点是相同的。所以，通过调整触球时的力度，可以改变球的反弹方向。

3 用外脚背轻轻触球，不完全减弱球速，让球向前推进。

4 足球下落后顺势带球前进，衔接下一个动作。

半高球

难度： ★★★☆☆

使用频率： ★★★☆☆

触球点

用外脚背小脚趾根部和靠近脚踝的部位触球，与足球的接触点在球的中心。

脚背原地停球（半高球）

用脚背原地停半高球是指用脚背的前半部分来接球，接球时脚略微抬起，如果脚尖贴地，将无法起到缓冲作用。

1 球员目视足球，身体正对来球方向，做好接球准备。

2 将重心放在左脚上，右脚向上抬起，保持可以随时发力的状态。

半高球

难度： ★★☆☆☆

使用频率： ★★☆☆☆

触球点

用脚背的前半部分触球，与足球的接触点在球的中心。

用脚背瞄准足球的中心接球

3 右脚在落球的瞬间出脚，脚踝放松，用脚背的前半部分触球。

4 准确地触球后，减弱球的冲力，将球平稳地停在脚下。

脚背迎球停球（半高球）

保持触球脚随时可以发力的状态

1 球员目视足球，观察来球的高度和速度，身体向前移动。

2 根据球的下落轨迹，左脚抓地支撑身体，右脚上抬，做好接球的准备。

半高球

难度： ★★☆☆☆

使用频率： ★★★☆☆

触球点

接球时用脚尖缓冲，将球向前踢出时用脚背的部分，与足球的接触点在球的中心。

相较于用脚背原地停半高球，用脚背迎球停球时不方便调整力度，容易造成失误，所以其使用频率较低，但在顺势向前带球时，此动作十分有效。

3 左脚踩地向上跳起，同时用右脚脚背触球，调整力度，使球从半高球变为地滚球。

4 足球下落后顺势带球前进，衔接下一个动作。

知识点

由于脚背比较坚硬，即便发出的力度很小也可能给球带来很快的速度，所以要控制好触球的力度和时机，在不同场上形势下选择最佳停球方式。

大腿原地停球（半高球）

大腿部位充满肌肉，触球面积大，常用来接弧度较大的高球或半高球，是停空中下落球的有效身体部位。

准备用大腿中心偏上的部位接球

1 球员目视足球，身体正对来球方向，做好接球的准备。

2 将重心放在左脚上，右脚向上抬起，做好用大腿接球的准备。

小提示

用大腿中心偏上的部位接球，可以减弱球的冲击力；相反，大腿中心偏下的部位靠近膝盖，较为坚硬，用其接球会使球高高弹起。

半高球

难度：★☆☆☆☆

使用频率：★★★★☆

触球点
用大腿中心偏上的部位触球。

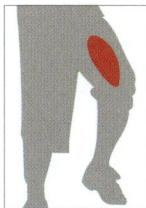

与足球的接触点在球的中心。

3 用大腿中心偏上的部位接球，在大腿触球的瞬间，右腿迅速后撤，使球下落。

4 将半高球变为地滚球，将球平稳地停在脚下。

知识点

如果想让球尽快落地，可以根据来球的方向，在球与大腿即将接触时，使大腿保持合适的倾斜度并随着球向下，减弱球的冲击力，使球平稳地落到地面上。

大腿迎球停球（半高球）

1 球员目视足球，观察来球的高度和速度，身体向前移动。

2 根据球的下落轨迹，左脚抓地支撑身体，右脚上抬，做好接球的准备。

用大腿停球的方法有两种：一种是在触球的瞬间，接球腿迅速后撤，让球落在脚下；另一种是让球处于空中，为下个动作争取时间。

用大腿中心偏下的部位接球

3 向上跳起，同时用右腿大腿中心偏下的位置接球。

半高球

难度：　　　★★⯪☆☆

使用频率：　★★★☆☆

触球点

用大腿中心偏下的部位触球。

与足球的接触点在球的中心。

小提示

停球时大腿肌肉应适当放松，踢球腿屈膝上抬，不要过于紧张，否则不能很好地减弱球带来的缓冲力。

4 球向上弹起，同时接球腿落地。

5 足球下落后顺势带球前进，衔接下一个动作。

要正对来球方向接球，防止球滑落到左右两侧。触球点越靠近膝盖，控制球的稳定性就越差。

胸部原地停球（半高球）

1 球员目视足球，观察来球的高度和速度，身体正对来球方向。

2 根据球的下落轨迹，双腿屈膝，双臂上抬，做好接球的准备。

3 用胸部触球，减弱球的冲击力，使球速降低。

知识点

无论是胸部原地停球还是胸部迎球停球，接球时身体后倾，球会向上运动；身体直立，球会向前运动；俯身时，球会落向地面。因此，要根据下一个衔接动作及时变换身体角度。

当来球是高度在腰部以上的空中球时，可以用胸部原地停球。与大腿原地停球相同，如果希望球停下来，就用肌肉较多的部位来接球。

双臂放下，保持身体平衡，这样能更准确地接球

4 在胸部触球的瞬间，迅速收胸、收腹，让球落向脚下。

5 在球快要落地的瞬间，用脚背缓冲接球。

6 球落地后，将球平稳地停在脚下。

半高球

难度： ★★☆☆☆

使用频率： ★★★★☆

触球点
用锁骨稍偏下的部位触球。

与足球的接触点在球的中心。

胸部迎球停球（半高球）

迎球停球时应注意身体姿态，结合下一步动作选择触球部位和方向。

1 观察来球的高度和速度，身体向前移动。

2 根据球的下落轨迹，双臂上抬，做好接球的准备。

3 手臂前伸，让球落向胸口肌肉发达的部位。

4 在触球的同时挺胸，使球向上弹起。胸部向上时球也会向上反弹。若希望球向前运动，身体应直立触球。

5 球落地后顺势带球前进，衔接下一个动作。

第3章

FOOTBALL

5~6 岁传接球训练

本章的训练重点在于提高球员的传球、接球能力。根据 5~6 岁少儿的年龄和身体特点，本章安排了短传训练，旨在提高传球的精准度和与队友之间的配合默契度。

CHAPTER3 ▶

本章图示说明

传球 / 射门	- - - - ➔
无球移动	——➔
有球移动	∿∿∿➔

你来我往传接球训练

场地布置和球员位置

场地上放置 2 个锥桶，锥桶之间的距离为 2.5~3.5 米；2 名球员如图所示面对面站立，球员之间的距离为 9 米。

👤 2 人及以上，且必须为偶数

🕐 10 分钟

💼 2 个锥桶，每 2 名球员 1 个足球

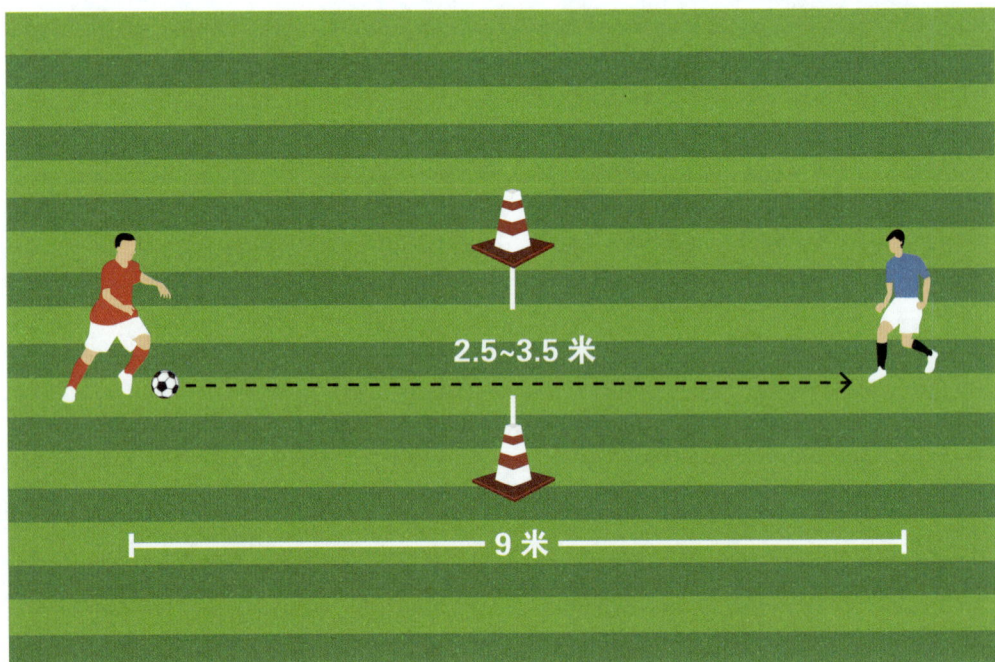

2.5~3.5 米

9 米

（注：上图仅作示意图，余同。）

训练步骤

① 2 名球员传接球，使球从锥桶之间通过。每成功传球 1 次，球员就各自后退 1 步。

② 一直持续到球未能通过锥桶之间，球员返回起点，重新开始传接球，步骤和前面一样。

③ 持续 10 分钟后停止，教练可询问 2 名球员是否注意到彼此之间的距离发生改变后传接球的难度有何变化。

④ 可以在练习过程中根据队员的练习情况进行调整，增加难度或降低难度。

小提示

训练时，球员之间的距离为 9 米，在其逐渐掌握该技术后，可增加二者之间的距离，并缩小锥桶之间的距离，训练的重点是球员要提高传球的速度和传球的准确率，并控制触球部位。

交叉循环传接球训练

场地布置和球员位置

用4个锥桶将球场围成边长为27米的正方形场地，所有球员位于场地内。

👤：6人及以上，可灵活调整

🕐：10分钟

💼：4个锥桶，每2名球员1个足球

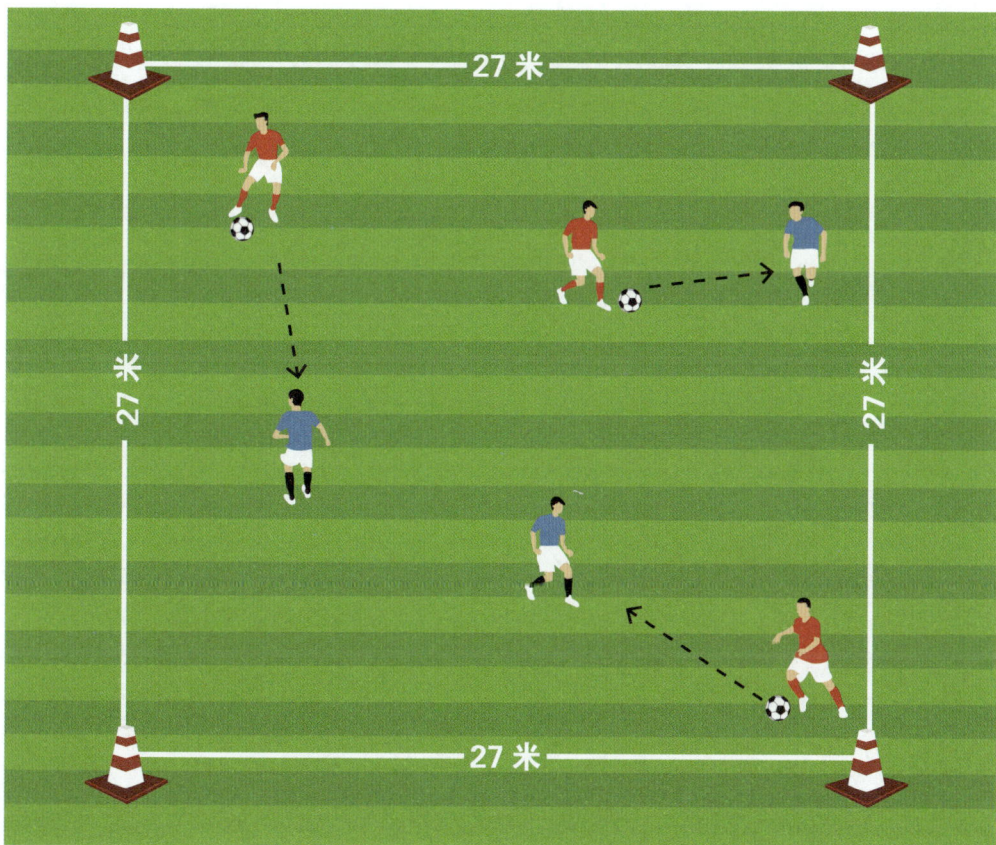

训练步骤

① 2名球员组成1对搭档，进行传接球练习。搭档之间的距离为9米。

② 训练过程中，教练应鼓励搭档之间大声喊出"接球""看球""向右（左）看""传球"等内容。

③ 球员在传接球过程中，可按一定的顺序重复动作，可左右交叉传递。

转位传球训练

场地布置和球员位置

用 4 个锥桶围成边长为 9 米的正方形场地，3 名球员在场地中各站一个角落，球员 A 持球。

👤：3 人

🕐：3 分钟

💼：4 个锥桶，每 3 名球员 1 个足球

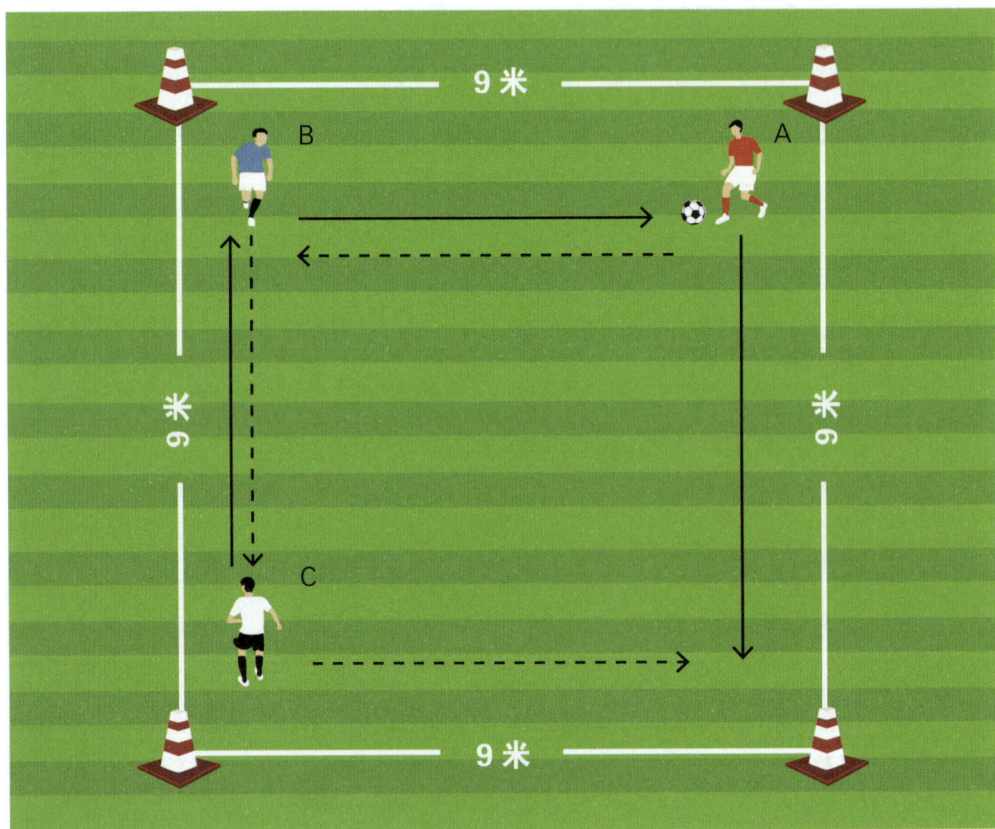

9 米

B

A

9 米

9 米

C

9 米

训练步骤

① 球员 A 将球传给球员 B，然后移动到场地中未被占用的角落。

② 球员 B 将球传给球员 C，然后移动到球员 A 最开始的位置。

③ 球员 C 接球后再将球传给球员 A，然后移动到球员 B 最开始的位置。重复练习 3 分钟。

圆圈淘汰训练

场地布置和球员位置

用6个锥桶围成一个直径为18米的圆形场地，设置一条中心线，圆心处放置1个稍大标志桶。8名球员分成2组，每组4人，围绕圆圈站立。

👤 : 8人

🕐 : 10分钟

💼 : 6个锥桶，1个稍大标志桶，每名球员1个足球

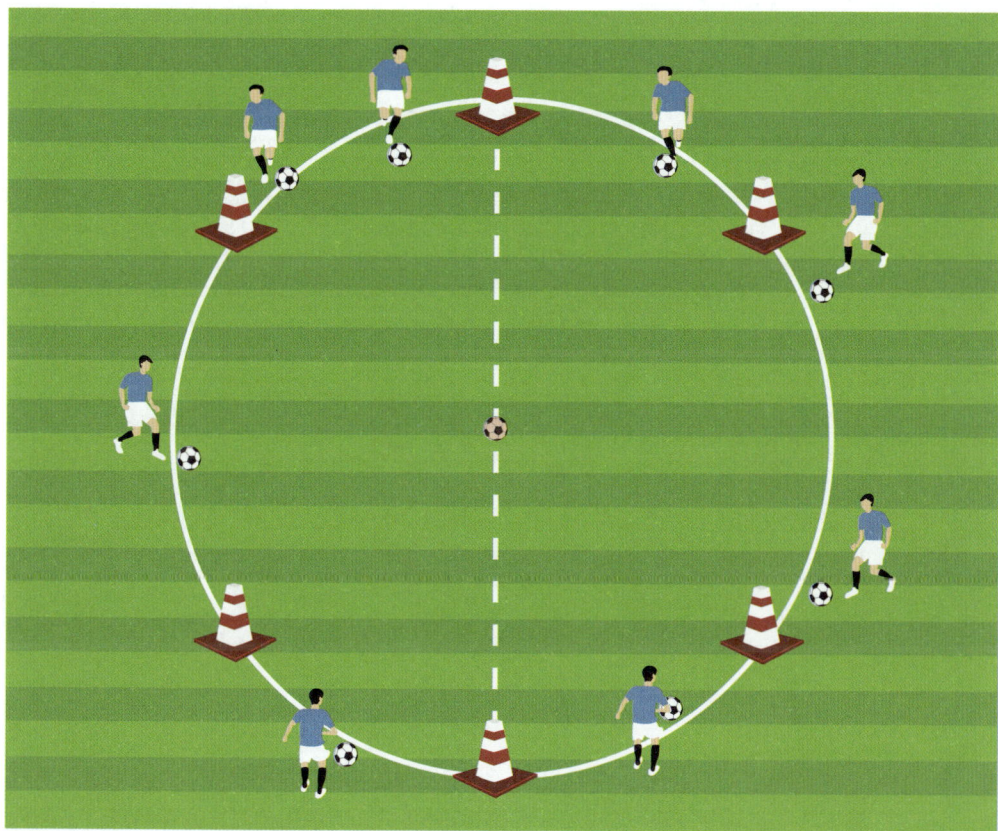

训练步骤

① 听到教练信号后，球员轮流将足球踢向位于场地中间的标志桶。踢过球的球员将自己的球取回，下一名球员继续踢，持续10分钟。

② 踢中标志桶次数最多的小组获胜。

保龄球撞击游戏

场地布置和球员位置

用 4 个锥桶围成边长为 35 米 ×15 米的场地，在距离场地两条短边 3 米处各划定 1 个撞球区并等距离放置 3 个保龄球；球员分为 2 组，每组 3 人。

👤	6 人
🕐	10~20 分钟
💼	4 个锥桶，6 名球员 1 个足球

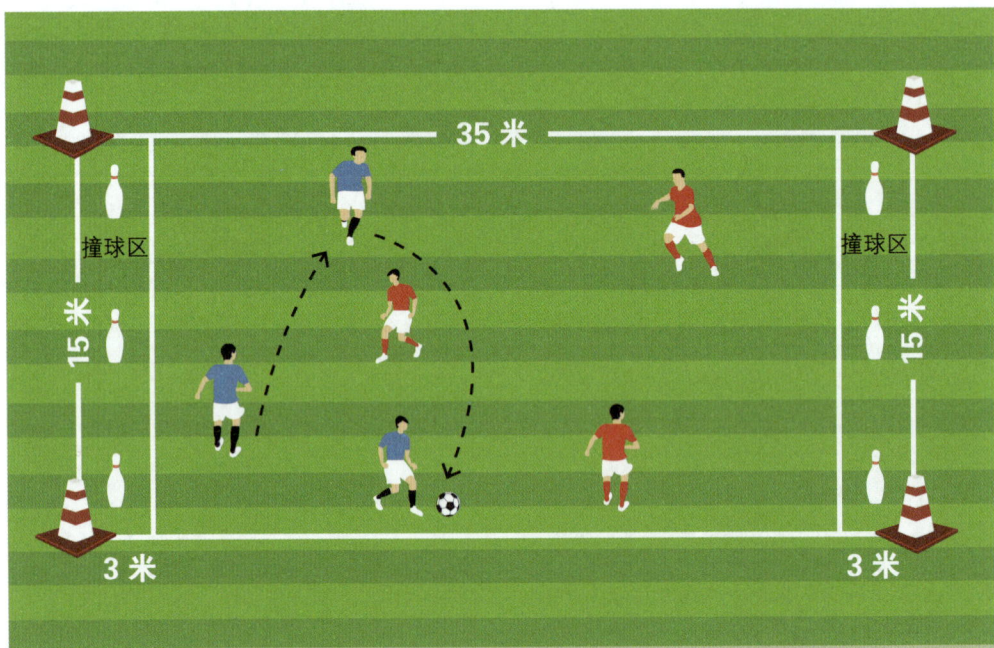

小提示

训练时球员应用脚的内侧传球，每组球员相互配合，在练习传接球的同时还要注意防守。如果想增加训练难度，可让球员用非惯用脚或者教练随机指定哪只脚进行射击。

训练步骤

① 每组球员各自防守一侧的 3 个保龄球，防守的同时要试图用球击倒对方的保龄球。击倒保龄球者得 1 分。球员不得进入撞球区。

② 只有 1 个足球，先由其中一组控球，控球方击中保龄球，或者球被防守方成功拦截，或者球出界，双方即交换角色，比赛继续进行。被击倒的保龄球保持倒下的状态，方便记录得分情况。

转向接球训练

场地布置和球员位置

用 4 个锥桶围成边长为 10 米的正方形场地，8 名球员分成 2 组，每组 4 人，每组各 2 人位于场地内和场地外。

👤	: 8 人
⏱	: 10 分钟
💼	: 4 个锥桶，每 2 名球员 1 个足球

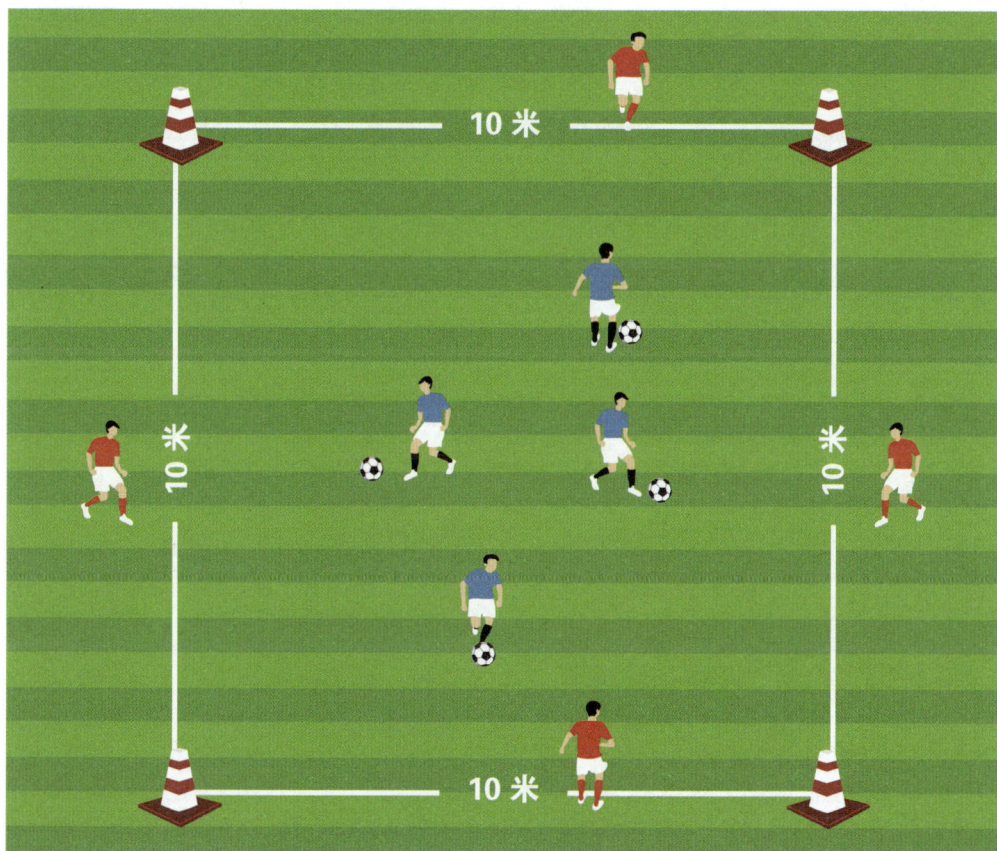

10 米

10 米

10 米

10 米

训练步骤

① 场地内的球员自由带球，然后将球传给场地外的队友，队友再将球踢回场地内，接球位置不限。场地内的队友要在接球的同时转向。

② 1 分钟后，场地内外的球员交换位置，继续以上训练。

移动的球门

场地布置和球员位置

用4个锥桶围成边长为30米的正方形场地，所有球员位于场地内。

👤：人数不限

🕐：10分钟

💼：4个锥桶，每2名球员1个足球，1根4米长的绳子

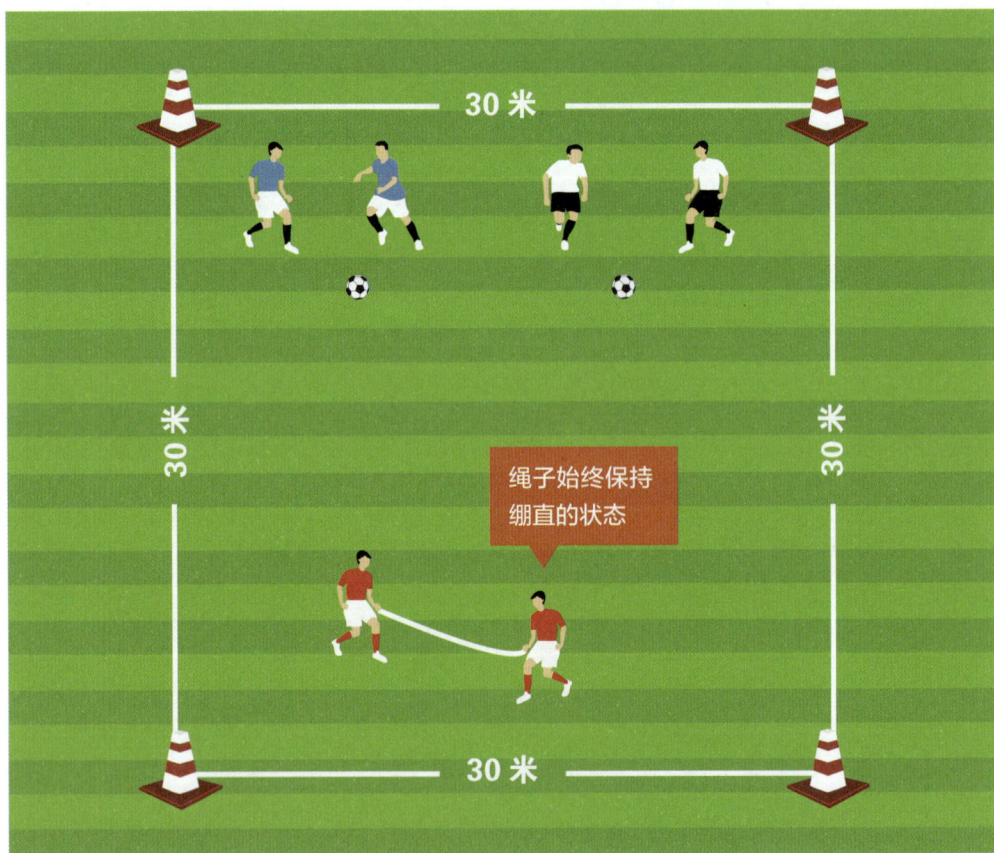

30米

30米

30米

30米

绳子始终保持绷直的状态

训练步骤

① 球员分为2人1组，指定1组球员拉着1根4米长的绳子的两头，在场地内形成一个移动的球门。

② 其余球员按组在场内带球跑动，伺机将球带到球门旁进行射门。成功射门1次得1分。得分最多的小组获胜。然后指定另一组球员扮演移动的球门，重新进行训练。

2次触碰循环传球

场地布置和球员位置

用4个锥桶围成边长为15米的正方形场地，所有球员分散在场地内。

👤：6人

🕐：10分钟

💼：4个锥桶，1个足球，1个颜色鲜艳的旗标

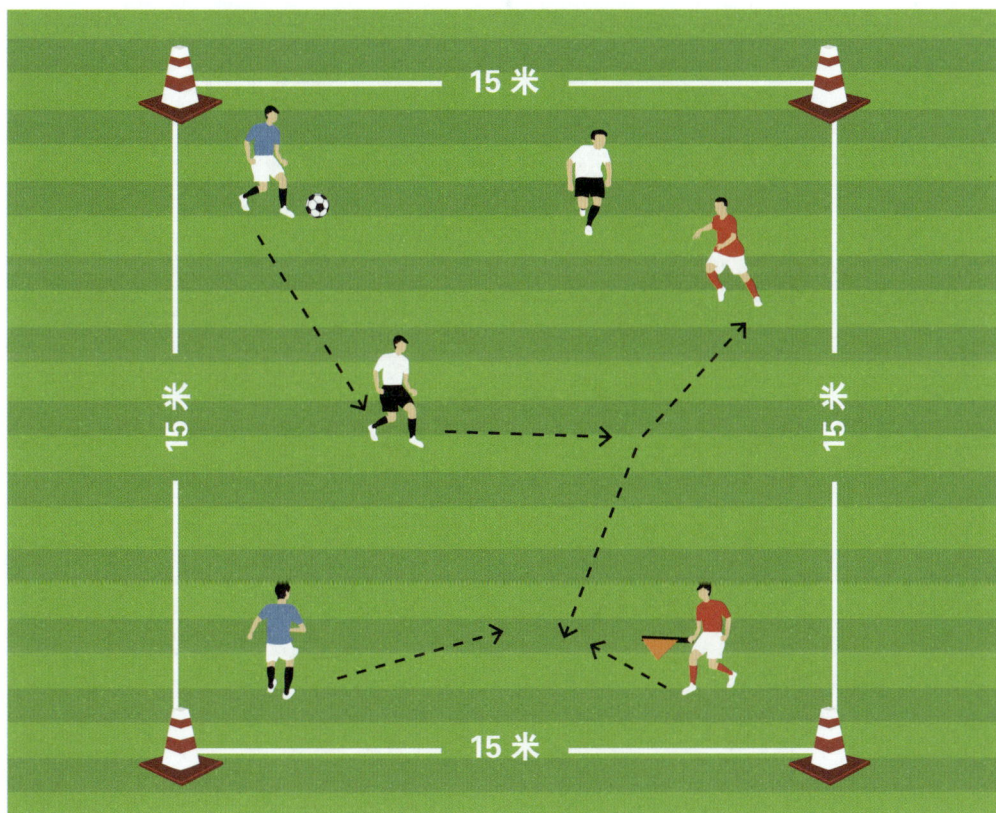

15米

15米

15米

15米

训练步骤

① 指定1名球员手持旗标作为目标球员，听到教练发出的信号后，其余球员开始相互传球。每名球员最多只能触球2次，并试图击中目标球员膝盖以下的部位。

② 目标球员被击中时，立即将手里的旗标放下，然后距离其最近的球员立刻捡起旗标，成为下一个目标球员。如此重复以上训练，持续10分钟。

趣味连环穿越球门

场地布置和球员位置

用 4 个大号锥桶围成边长为 45 米的正方形场地，用小号锥桶在场地中随意布置若干个 2 米宽的球门，所有球员分散在场地内。

👤 ：人数不限，但必须为偶数

🕐 ：5 分钟

💼 ：4 个大号锥桶，小号锥桶若干，每 2 名球员 1 个足球

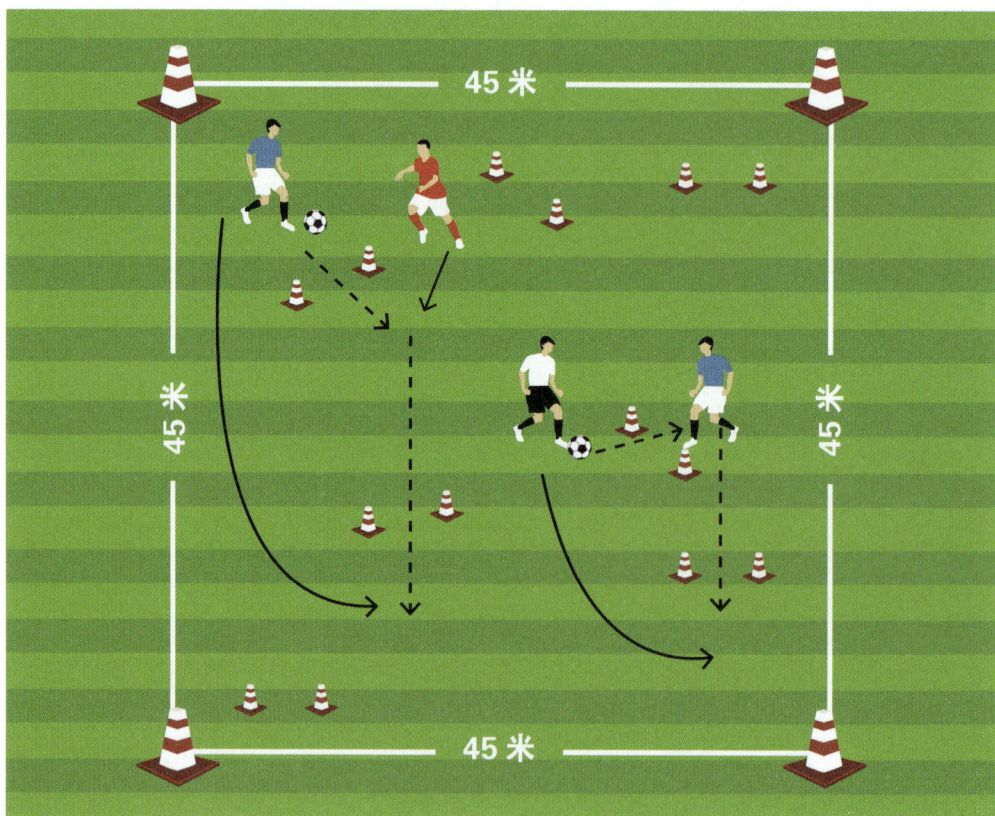

45 米

45 米

45 米

45 米

训练步骤

① 球员分为 2 人 1 组，每组 1 个足球。2 名球员在球门间相互传接球，但是不能连续从同一个球门传接球。

② 每组完成 1 个球门的传接球后，再通过另一个球门进行传接球。最后顺利穿过球门数量最多的小组获胜。

快躲开球

场地布置和球员位置

用 4 个锥桶围成边长为 30 米的正方形场地，所有球员平均分为 2 组。

👤：10~14 人，但必须为偶数

🕐：3 分钟 1 回合

💼：4 个锥桶，每 2 名球员 1 个足球

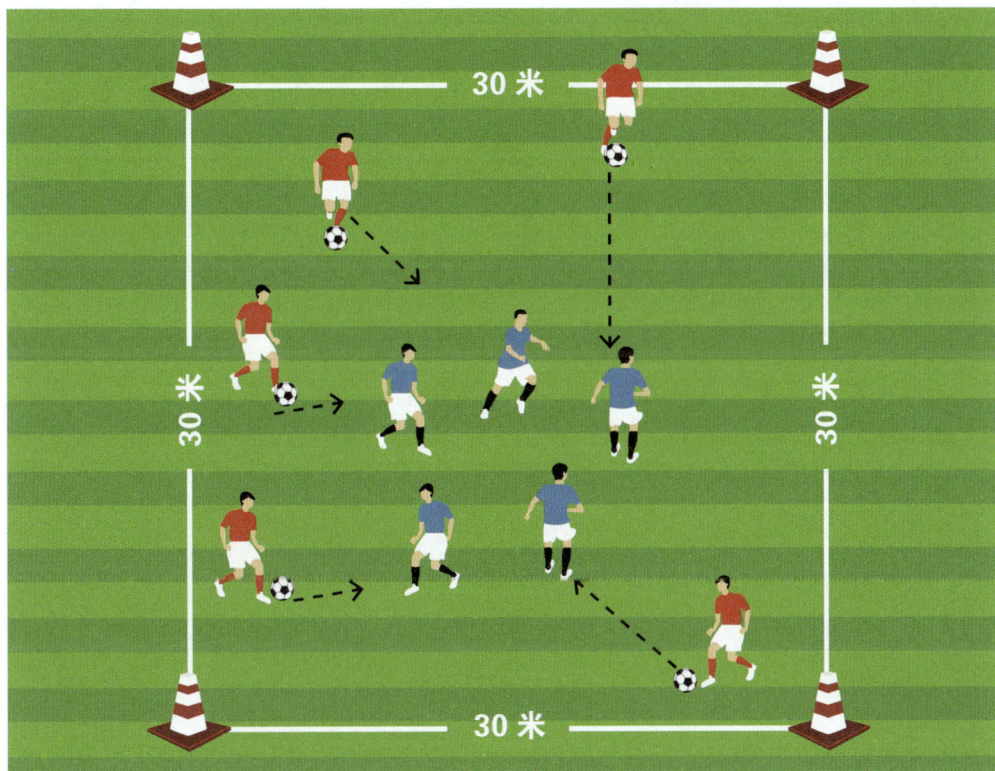

30 米

30 米

30 米

30 米

训练步骤

① 所有球员平均分为 2 组，1 组在场地外持球，另 1 组在场地内不持球。

② 听到教练发出的信号后，场地外的小组带球进入场地内，开始相互传接球，并试图用球击中对方球员膝盖以下的部位，场地内未持球的球员则要躲避对方的来球。

③ 被球击中的球员淘汰，当场地内未持球的球员全部淘汰后，游戏结束。然后双方互换角色，进行下一场比赛。每场比赛中更快将对方小组淘汰，或在规定时间内淘汰对方人数更多的小组获胜。

第 4 章

7~8 岁传接球训练

FOOTBALL

本章在前面学习的传接球技术的基础上加入了连续传球训练，适合 7~8 岁的少儿练习。连续传球讲究方法和策略，先传给谁，后传给谁，要有一定的先后顺序。接球是指用除手以外的身体任意部位接球，接球后还需要控球。

CHAPTER4 ▶

本章图示说明	
传球/射门	- - - →
无球移动	——→
有球移动	～～→

占领开放位置

场地布置和球员位置

用 4 个锥桶围成边长为 30 米的正方形场地，场地中心再放 1 个锥筒，4 名球员在场地中各占据一个角落。

👤：4 人

🕐：5~10 分钟

💼：5 个锥桶，1 个足球

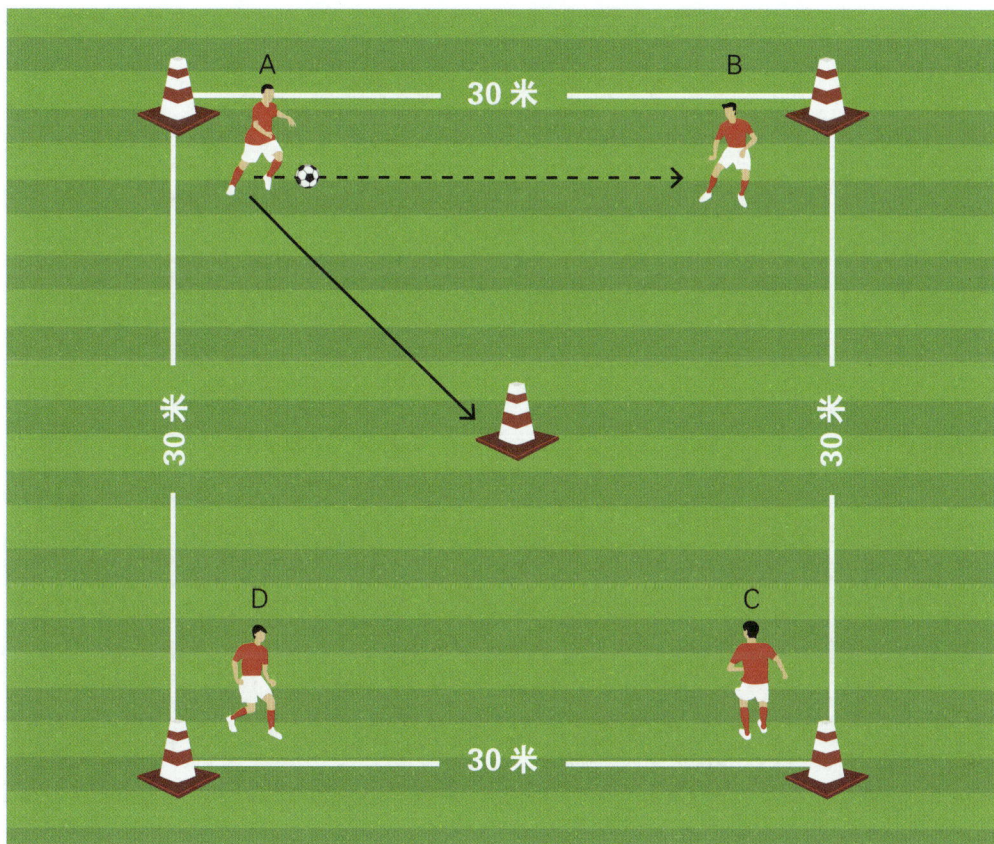

训练步骤

① 场地的 5 个锥桶分别代表 5 个开放位置，4 名球员分别占据场地内的 4 个角落，球员 A 持球。

② 听到教练发出的信号后，球员 A 将球传给球员 B，然后跑到场地中心锥桶处。球员 B 接球、停球，接着将球传给球员 C，然后跑到球员 A 最开始的位置。以此类推，重复练习，持续 5~10 分钟。

双人三角传球训练

场地布置和球员位置

用 3 个锥桶围成边长为 9 米的等边三角形场地，2 名球员在场地内各占一角。1 名球员持球，另 1 名球员不持球。

👤：2 人

🕐：5 分钟

💼：3 个锥桶，1 个足球

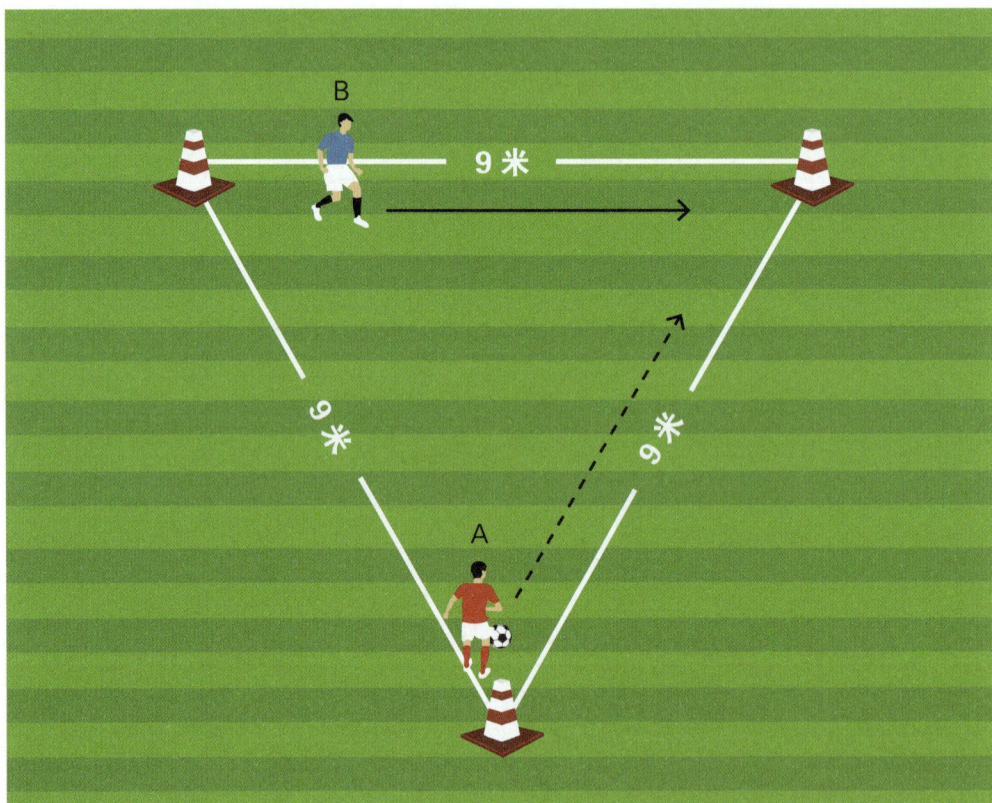

B

9 米

9 米

A

9 米

训练步骤

① 2 名球员在场地内各占一角，球员 A 将球传至无人的角落，球员 B 快速跑向该角接球。

② 传球完成后，球员 A 迅速跑向球员 B 最开始的位置，并接住球员 B 传回的球。

⚽ 小提示

因为接球者处于移动状态，所以传球者可以将球稍稍向接球者跑动的前方传，方便接球者接球。

聚拢传球训练

场地布置和球员位置

用 6 个大号锥桶围成边长 36 米的正方形场地，在场地的 1 条中心上等距离放置 10 个足球，再用 16 个小号锥桶围成 4 个边长 9 米的正方形小场地，如图摆放。将球员分成 2 组，每组 5 人，球员分别位于相对的 2 条边线外。

👤 : 10 人

🕐 : 10 分钟

💼 : 6 个大号锥桶，10 个足球，16 个小号锥桶

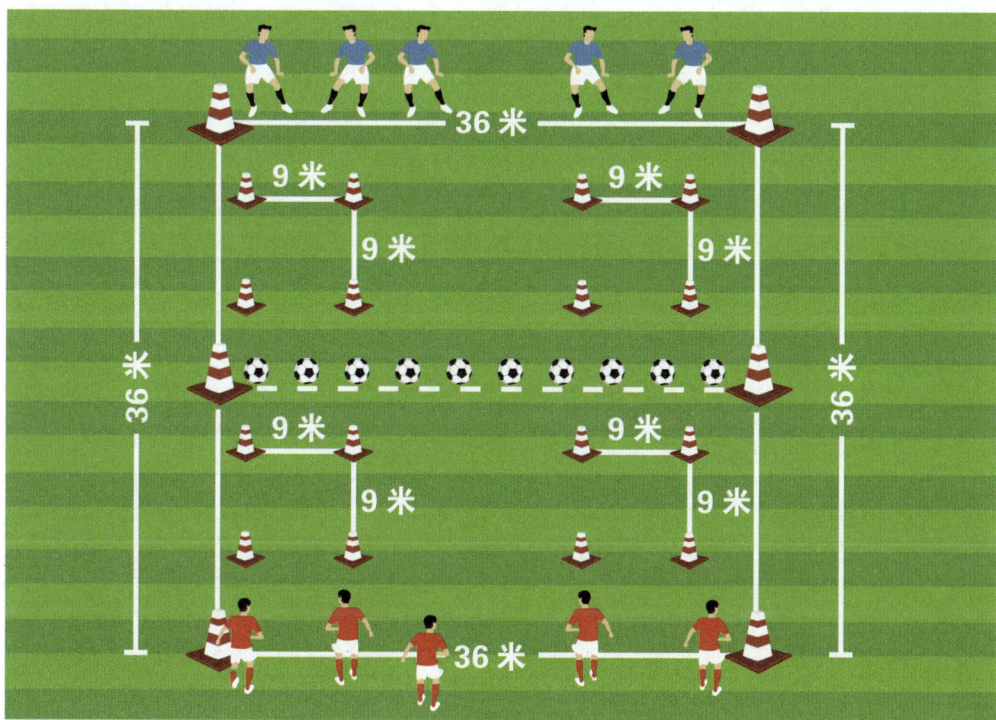

训练步骤

① 当听到教练发出的信号后，球员跑到中心线位置，将球带回己方由小号锥桶围成的场地中，然后将球踢向对方区域。

② 球员收集所有对方踢向己方的球，将球带到距离己方最近的小场地中再踢向对方区域。

③ 持续进行 2 分钟，计算每一组小场地内的足球数量，足球数较少的一组获胜。然后重新将球放到中心线上，开始新的训练。

绕圈传球训练

场地布置和球员位置

共9名球员，6名球员持球围成一个圆形场地，球员之间保持一定的距离。剩下的3名球员位于圆圈内。

👤：9人

🕐：2分钟1回合

💼：6个足球

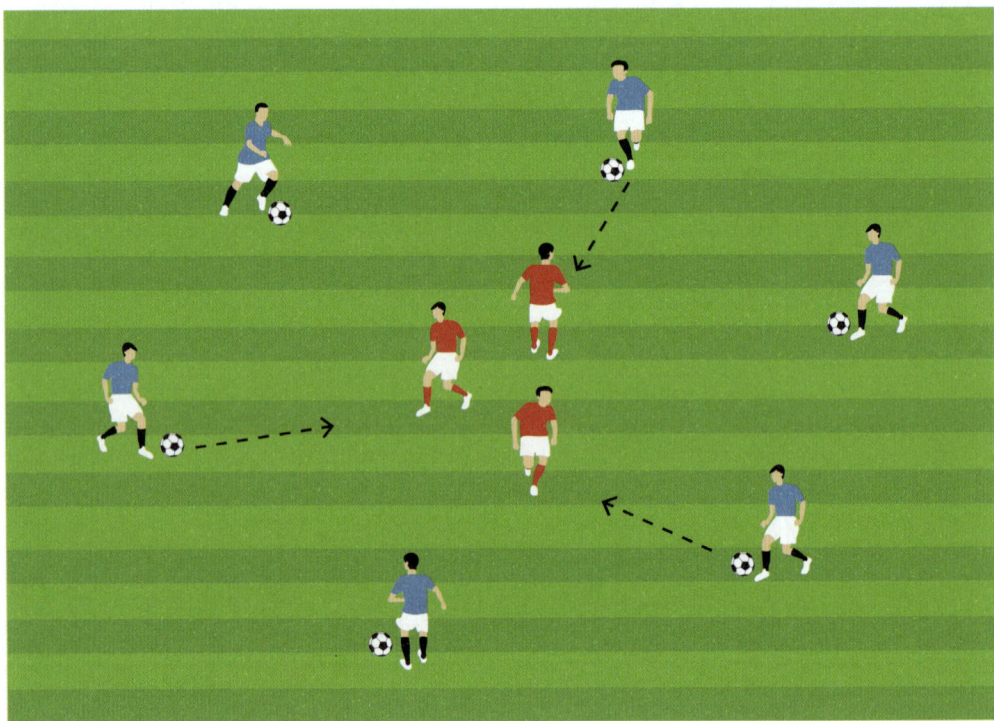

小提示

圆圈内的球员要始终保持移动状态。围成圆圈的球员要注意停球的方向和观察，同时要避免把球传给已经有球的球员。

训练步骤

① 圆圈内的球员不断运动，圆圈内的球员与持球球员沟通呼应，持球球员将球传给圆圈内的球员。

② 圆圈内的球员接到球后，再将球传给刚才给他传球的球员，然后继续移动，准备去接其他持球球员传来的球。

③ 持续进行2分钟，然后圆圈内的球员和围成圆圈的3名球员互换角色，保持圆圈内有3名球员，重复以上练习。

往返传球训练

场地布置和球员位置

用4个锥桶围成边长为9米的正方形场地，3名球员位于场地内，其中2名球员持球站在场地的同一条边上，1名没有持球的球员站在2人的对边。

👤 :	3人
🕐 :	10分钟
💼 :	4个锥桶，2个足球

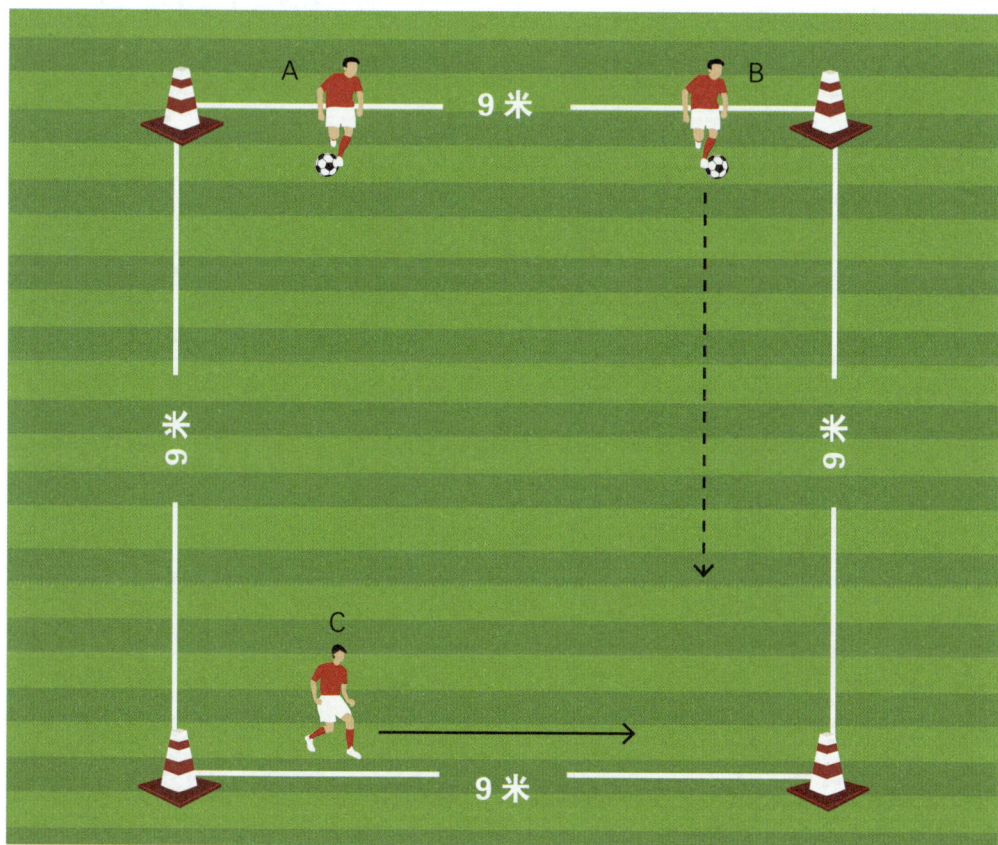

A   9米   B

9米   9米

C   9米

训练步骤

① 听到教练发出的信号后，球员C开始向空余的角落移动，球员B向球员C传球。

② 球员C接住球员B的传球后，再将球传给对方，然后立刻跑回刚刚空出的角落，准备接球员A的传球。如此往返接球1分钟，然后球员们互换角色进行练习。

长距离地面传球和短传趣味训练

场地布置和球员位置

用 4 个大号锥桶围成边长为 27 米的正方形场地，在场地中放置 6 组小号锥桶，每组 2 个，其中 3 组小号锥桶之间的距离为 0.6 米，另外 3 组的距离为 3 米，球员分散在场地内。

👤 ：8 人及以上，但必须为偶数

🕐 ：10 分钟

💼 ：4 个大号锥桶，12 个小号锥桶，每 2 名球员 1 个足球

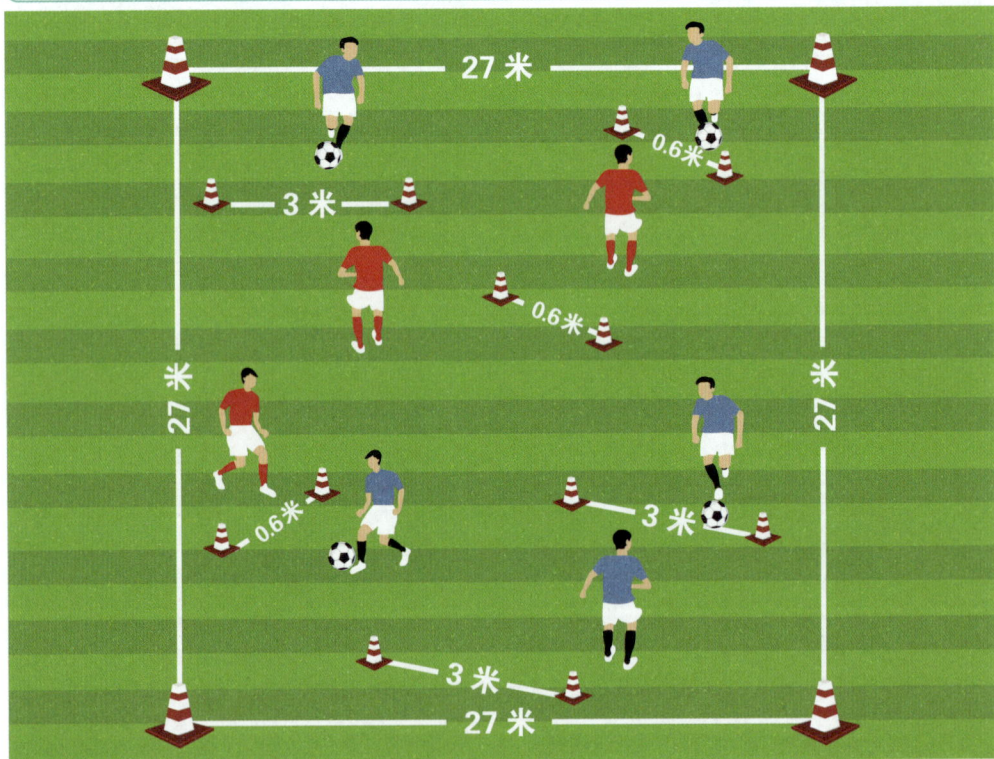

27 米

0.6 米

3 米

0.6 米

27 米

0.6 米

3 米

27 米

3 米

27 米

训练步骤

① 球员分为 2 人 1 组，每组由 1 名球员持球。听到教练发出的信号后，持球球员移动到场地中的 1 组小号锥桶前，未持球球员跟随移动。

② 如果持球球员移至短距离锥桶前，2 人进行短传；如果持球球员移至长距离锥桶前，2 人进行长传，注意球要从小号锥桶之间穿过。

③ 传球完成后，持球球员转移位置，寻找新的小号锥桶组，再根据小号锥桶的间距进行长距离地面传球或短传。

双边传球训练

场地布置和球员位置

用4个锥桶围成边长为9米的正方形场地，4名球员位于场地内，其中3名球员分别站在3个锥桶旁，1名球员站在场地中间作为防守球员。

👤：4人

🕐：10分钟

💼：4个大号锥桶，1个足球

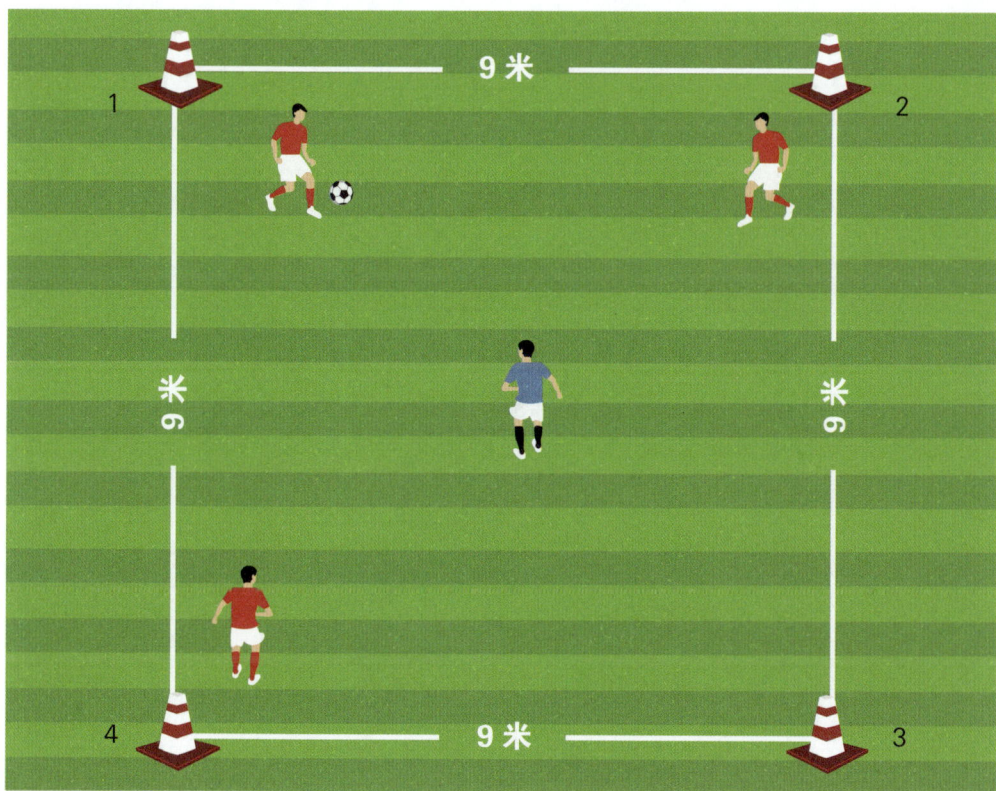

训练步骤

① 持球球员通过来回移动进行传球，注意不能从场地中间传球。如果防守球员堵在了锥桶1和锥桶2之间的传球路线上，持球球员可以将球传给位于锥桶4的球员。

② 未被传球的位于锥桶2的球员移动至锥桶3旁边，这样持球的球员就又位于防守球员的中间了。训练时防守球员一次只能封闭一条路线，如果防守球员触球或传球球员出现失误，防守球员获胜。

循环进攻游戏

场地布置和球员位置

用 4 个锥桶围成边长为 18 米的正方形场地，场地中间画一个直径为 5~7 米的圆圈，圆圈中心放一个实心球；球员分为 2 组，每组 3 人。

👤	6人
🕐	10~15 分钟
💼	4 个锥桶，1 个实心球，1 个足球，画圆圈用的粉笔

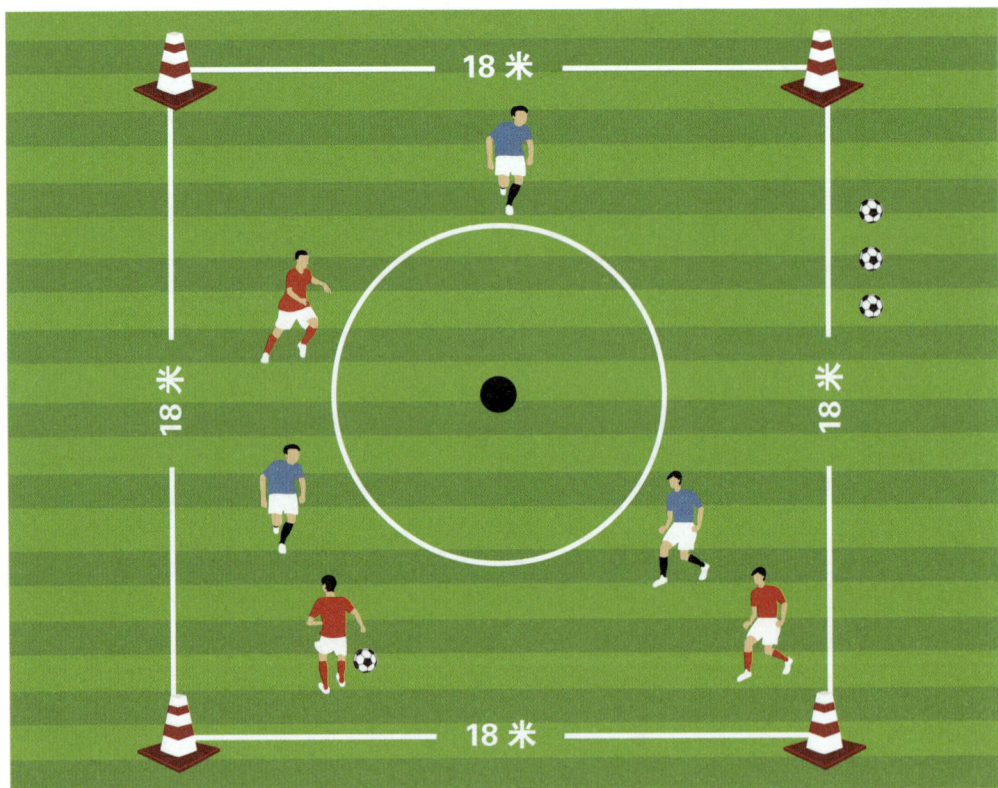

训练步骤

① 球员分散在场地内，所有球员不得进入圆圈内，控球的 1 组试图用球击中实心球，另 1 组则尽力防守。击中实心球的小组得 1 分，击中后将实心球放回原位。

② 如果控球方失去控球权，则双方交换角色，训练继续进行；如果球停在圆圈内，或是被踢出界外，则通过掷界外球重新开始。

远程飞弹训练

场地布置和球员位置

用4个锥桶围成边长为25米×15米的场地，场地两端分别设置宽为5米的区域；球员分为2组，每组4人。

👤：8人

🕐：10分钟

💼：4个大号锥桶，1个足球

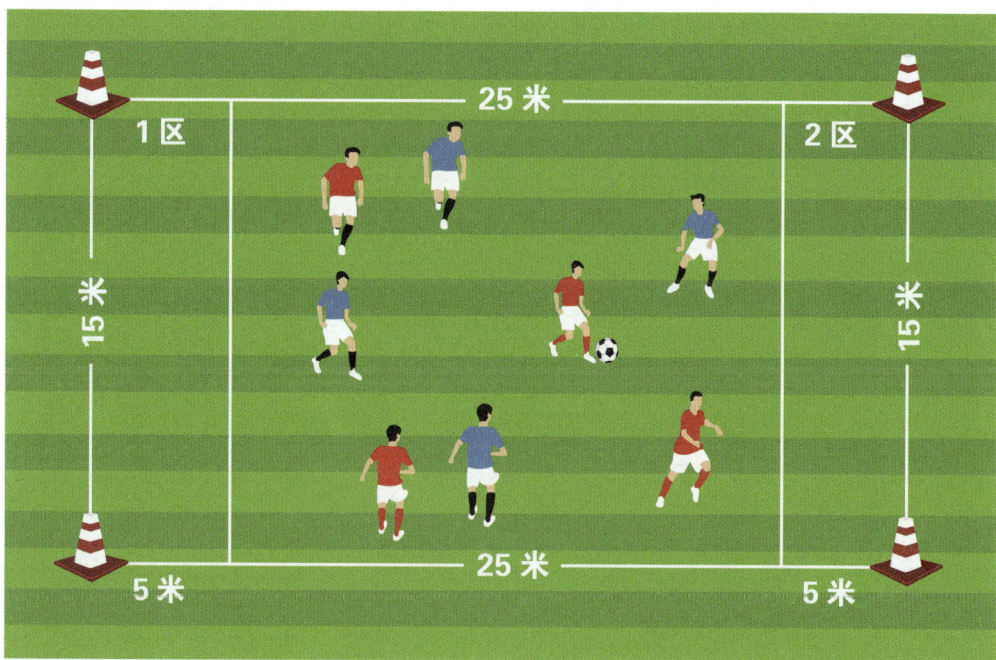

25米

1区

2区

15米

15米

25米

5米

5米

训练步骤

① 双方球员各选择场地两端的1个区域，然后从场地中心开始训练。控球方向自己的区域传球，成功传进自己区域1次得1分。如果将球踢出界外，则双方交换角色，重新开始训练。

② 成功传球后，可以在自己区域内将球自由地传给队友，此时防守方须站在原地。注意球员不能在重新开始时直接将球传至自己的区域内。最后累计得分最高的一组获胜。

小提示

该练习可以增强球员在较小的防守压力下的传控能力。球员在接球前需要接球、查看四周、决定传球，同时传球球员之间还要有交流，从而提高传球的成功率。

111

花样接球训练

场地布置和球员位置

用 4 个锥桶围成边长为 30 米 × 20 米的场地；6 名球员位于场地中，平均分为 2 组。

👤	6 人
🕐	10 分钟
💼	4 个锥桶，1 个足球，标志服

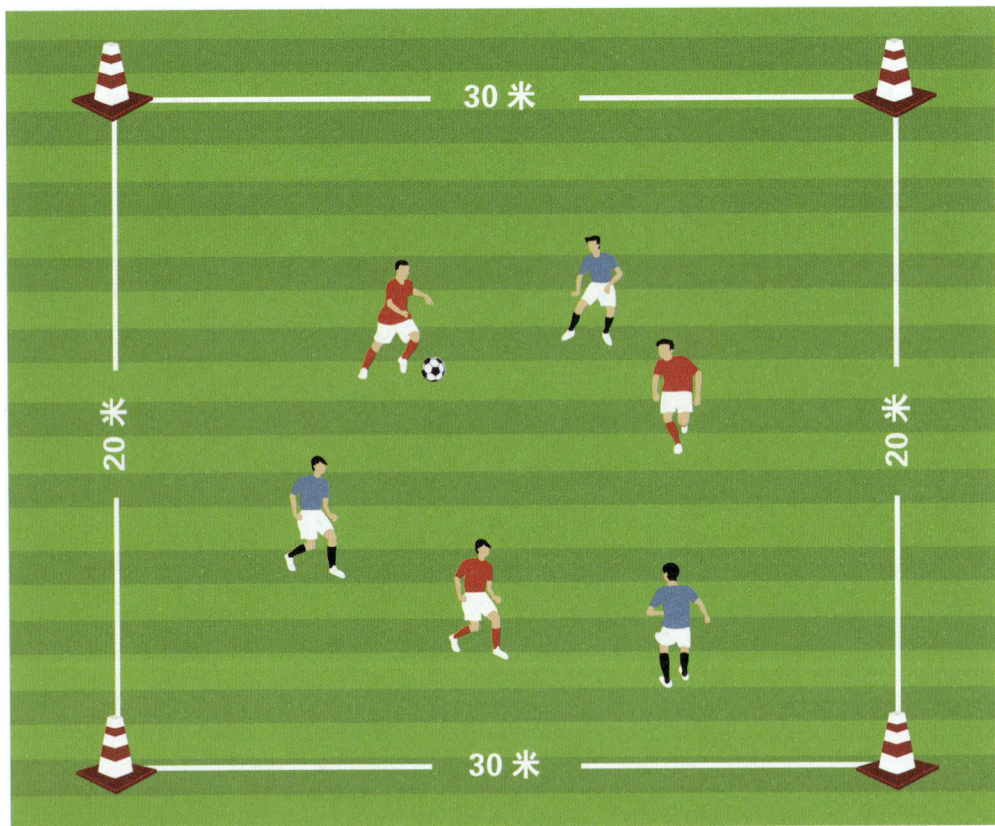

30 米

20 米

20 米

30 米

训练步骤

① 2 个小组分别为控球方和防守方，以争球的方式确定控球方，控球方球员之间进行传球，用脚接球并将球传给队友 1 次，可得 1 分；用大腿或胸部接球并将球传给队友 1 次，可得 2 分。

② 如果防守方取得控球权，则双方交换角色，继续进行训练；如果球被踢出界，则掷界外球重新开始。最后累计得分最高的一组获胜。

直线传球训练

场地布置和球员位置

场地上放置2个锥桶，锥桶之间的距离为3~4米；3名球员站在横穿2个锥桶的同一条直线上，中间的球员持球。

👤：3人

🕐：5分钟

💼：2个锥桶，1个足球

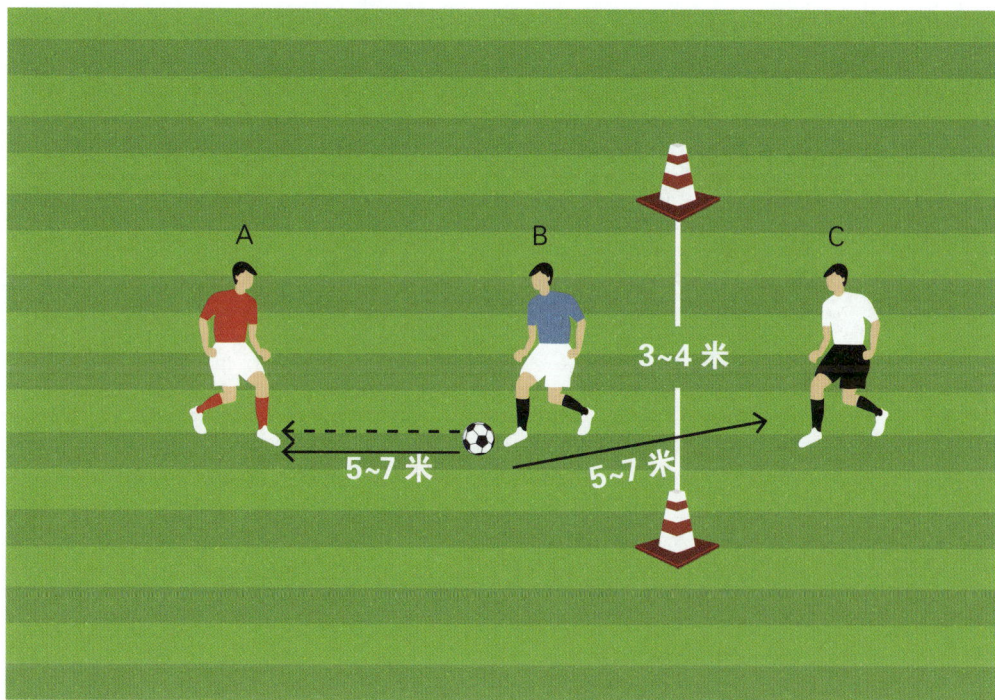

A　　　B　　　C

3~4米

5~7米　　　5~7米

训练步骤

① 球员B先将球传给球员A，然后跑向球员A的位置，球员A接球后带球到球员B最开始的位置，并将球从2个锥桶之间传给球员C，然后球员A向球员C的位置跑去。

② 球员C接球后将球带向球员B最开始的位置，再将球传给球员B（此时球员B在球员A最开始的位置），然后向球员B的位置跑去，重复以上练习。

小提示

此项训练的节奏较快，球员有很多触球机会。球员在传球时要注意控制好力度和方向，使球尽量平稳，以便他人停球。

双锥触球训练

场地布置和球员位置

场地上放置2个锥桶，2个锥桶之间的距离为1.5米。2名球员分别位于锥桶1外侧和距离2个锥桶连接线中点3米处。

👤:	2人
🕐:	10分钟
💼:	2个锥桶，1个足球

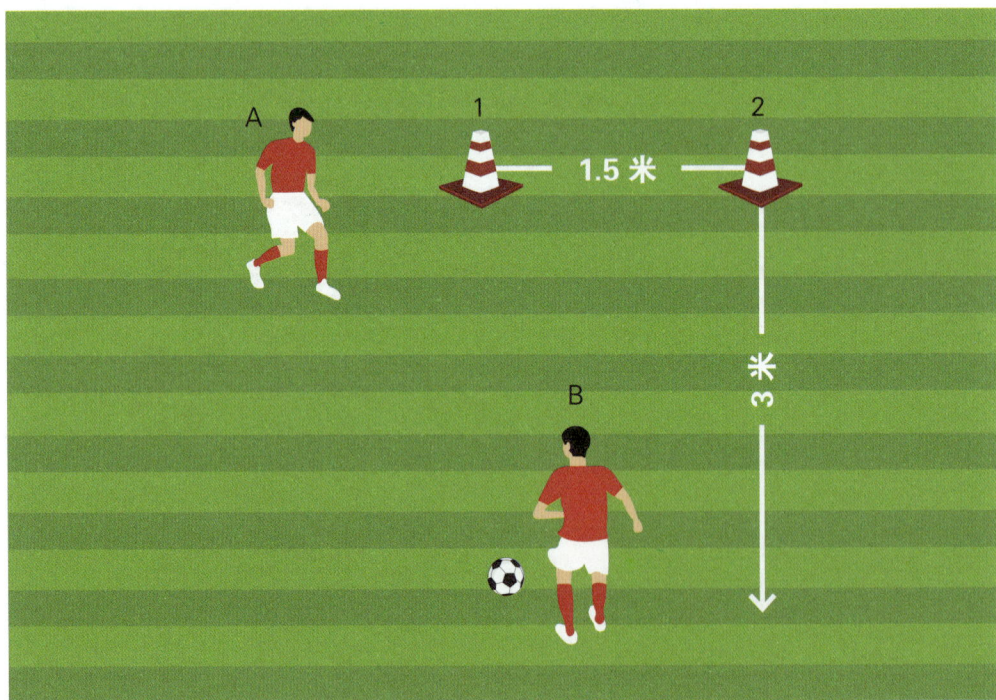

训练步骤

① 球员A直线向前移动到2个锥桶中间，此时球员B将球传给球员A，球员A接球后，试图使球合理的停至锥桶2的外侧。然后球员A再将球传给球员B。

② 重复进行1分钟，然后双方互换角色继续练习。

知识点

球员在传球时要保持平稳的球速。接球的球员除了首次触球外，也可能发生2次触球，即单脚或双脚都可以触球2次。

第5章

FOOTBALL

9~10岁传接球训练

本章的内容适合9~10岁的少儿进行基本传球技能的训练，并着重培养掌控传球速度和力度，以及巧妙的接球和控球技术。相对于前几章，本章讲解的训练方法更加多样，包括循环传球、往返传球、障碍传球等。少儿在增强个人传球技能的同时，也需要加强团体配合能力。

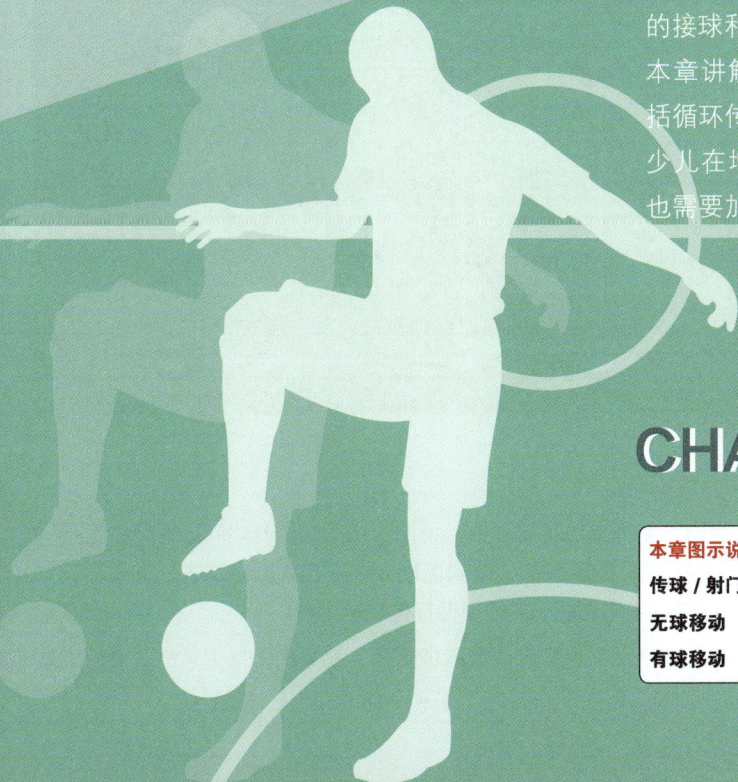

CHAPTER5 ▶

本章图示说明

传球 / 射门	- - - →
无球移动	—— →
有球移动	～～～ →

循环传球训练

场地布置和球员位置

分别用锥桶围成4个边长为9米的正方形场地。每个场地中有1组球员，每组2名球员，分别身穿红色球衣和蓝色球衣。

👤	：8人
🕐	：15分钟
💼	：16个锥桶，2个足球，红色、蓝色标志服各4件

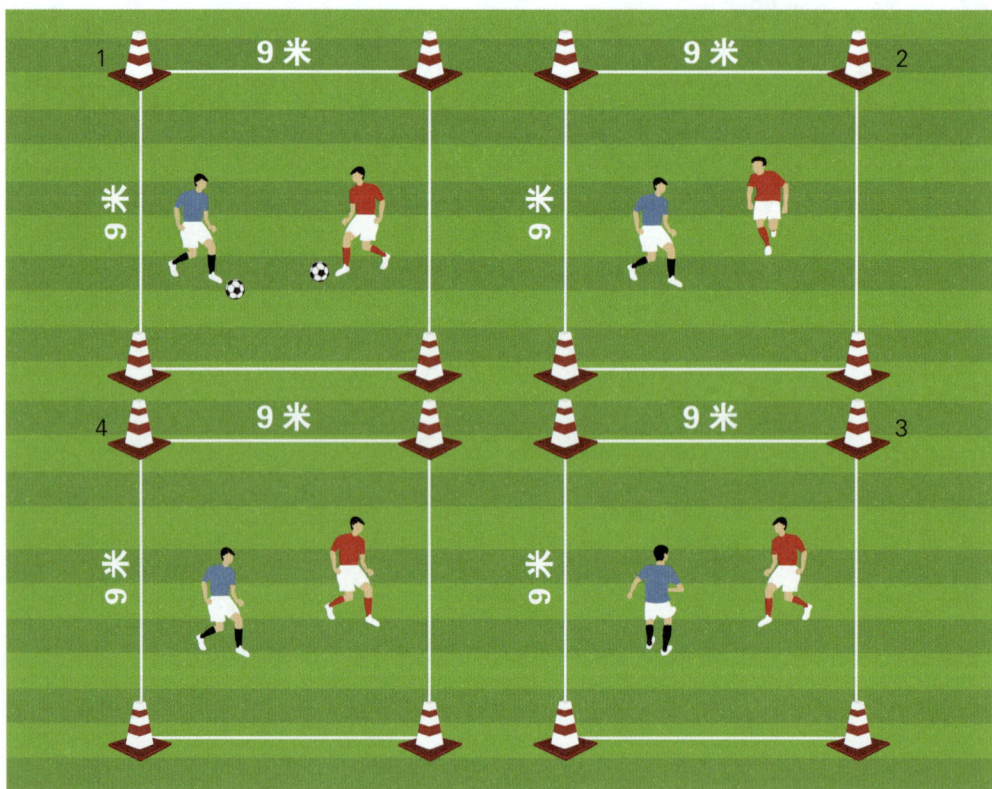

训练步骤

① 场地1中的球员先持球。当听到教练发出的信号后，场地1中的球员开始向场地2中穿相同颜色球衣的球员传球，场地2中的球员接球后，继续向场地3中穿相同颜色球衣的球员传球，再继续传球给场地4中穿相同颜色球衣的球员，并依次循环传球。

② 如果球员没有将球传到下一个场地中，则要尽快取回球再传；如果仍传球失败，队友可以取回球，继续传球。红、蓝双方的球员，首先2次将球传完4个场地的一方球员获胜。

自由往返传球训练

场地布置和球员位置

用4个锥桶围成边长27米的正方形场地，6名球员分散在场地中，其中3名球员穿红色球衣，为红队；3名球员穿蓝色球衣，为蓝队。

👤 : 6人

🕐 : 10分钟

💼 : 4个锥桶，每2名球员1个足球，红色、蓝色标志服各3件

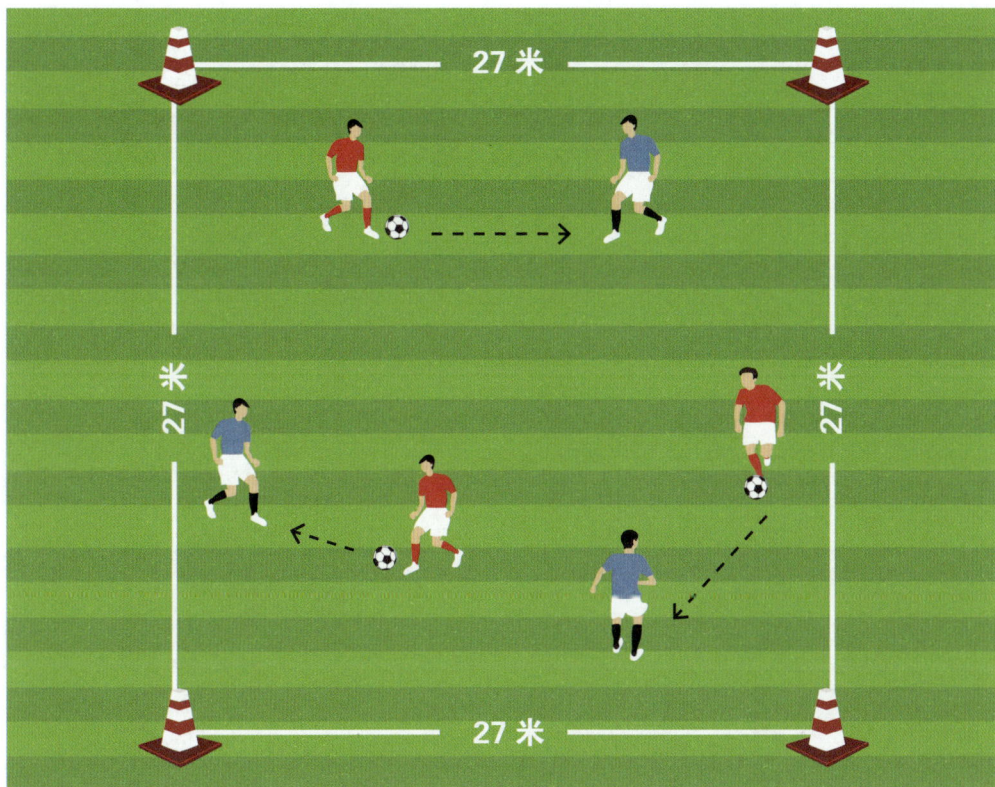

训练步骤

① 红队球员持球在场内自由移动，蓝队球员在原地保持不动。

② 红队球员靠近蓝队球员时，将球传给蓝队球员，蓝队球员再将球传回。红队球员接住传回的球后，重新在场地内自由移动，寻找机会将球传给下一位蓝队球员。持续1分钟后，红、蓝队球员互换角色。

四角循环传球训练

场地布置和球员位置

用 4 个锥桶围成边长为 9 米的正方形场地；4 名球员分别站在场地内的 4 个角上，剩余 1 名球员站在场地外球员 A 的旁边。

👤 ：5 人

🕐 ：5 分钟

💼 ：4 个锥桶，1 个足球

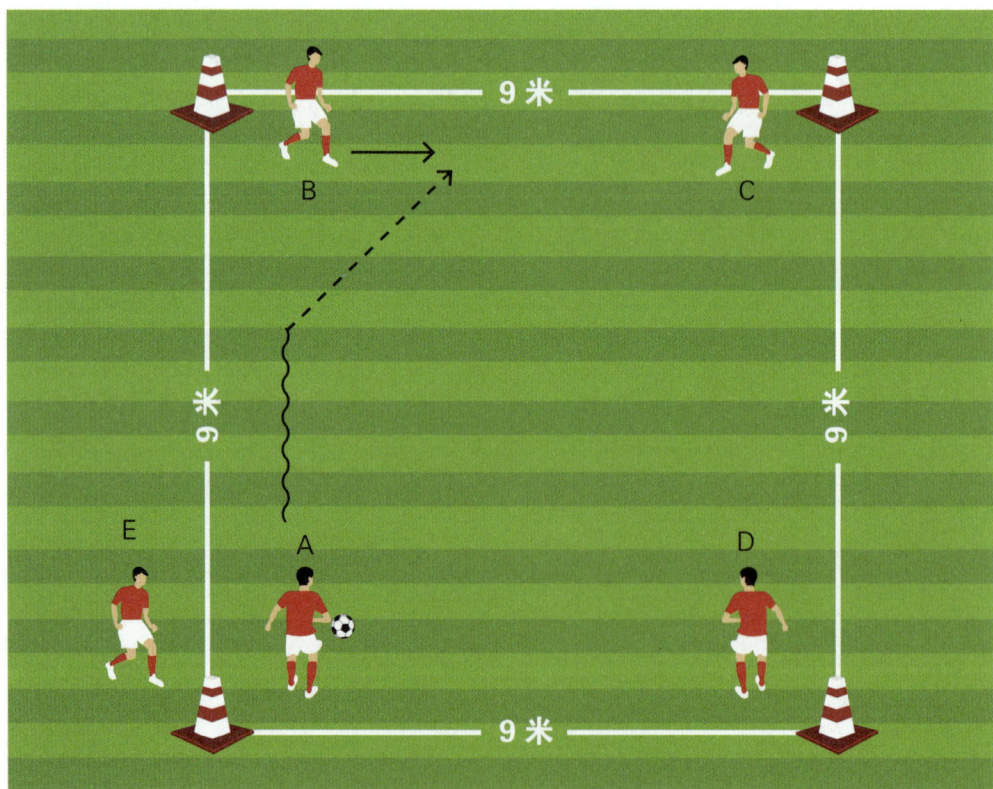

训练步骤

① 球员 A 带球向球员 B 的位置移动，球员 A 移动至一半距离时，球员 B 开始向球员 C 的位置移动。此时球员 A 将球传给球员 B，之后球员 E 占据球员 A 的位置，球员 A 占据球员 B 的位置。

② 球员 B 在移动过程中接球，然后向球员 C 的位置移动；球员 B 移动到一半距离时，球员 C 开始向球员 D 的位置移动，此时球员 B 向球员 C 传球；以此类推，球员 C 向下一个球员传球并占据下一个球员的位置。待球员熟练掌握后，教练可计算 2 分钟内球员绕场地可以传多少次球。

双人传球运球训练

场地布置和球员位置

用 4 个锥桶围成边长为 14.5 米的正方形场地；2 名球员位于场地内，球员 A 持球。

👤	：2 人
⏱	：5 分钟
💼	：4 个锥桶，1 个足球

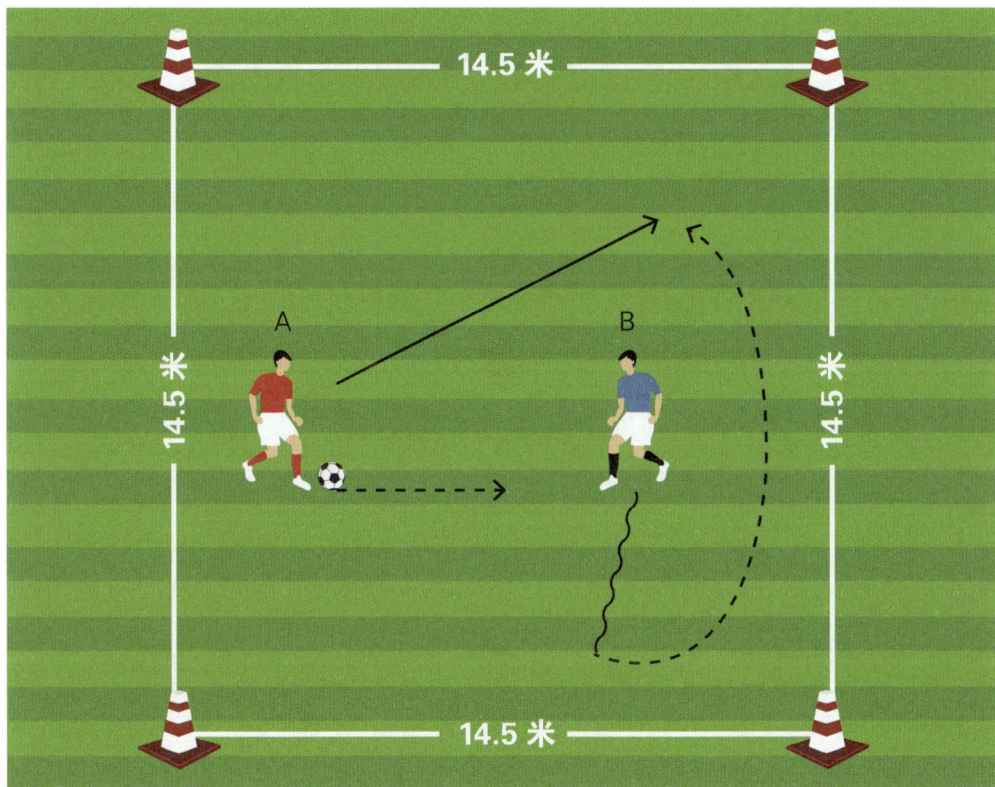

训练步骤

① 训练开始后，球员 A 将球传给球员 B，球员 B 带球在场地自由盘带，做假动作、变向，将球带入开放空间，再将球传给球员 A，不过球员 A 此时应移动到了新位置上。重复以上练习。

② 在球员水平提高后，可以把锥桶当成防守人进行练习。

五角传球训练

场地布置和球员位置

5名球员围成一个五角星形，1名球员在中间作为防守球员。

👤 :	6人
⏱ :	5分钟
💼 :	1个足球

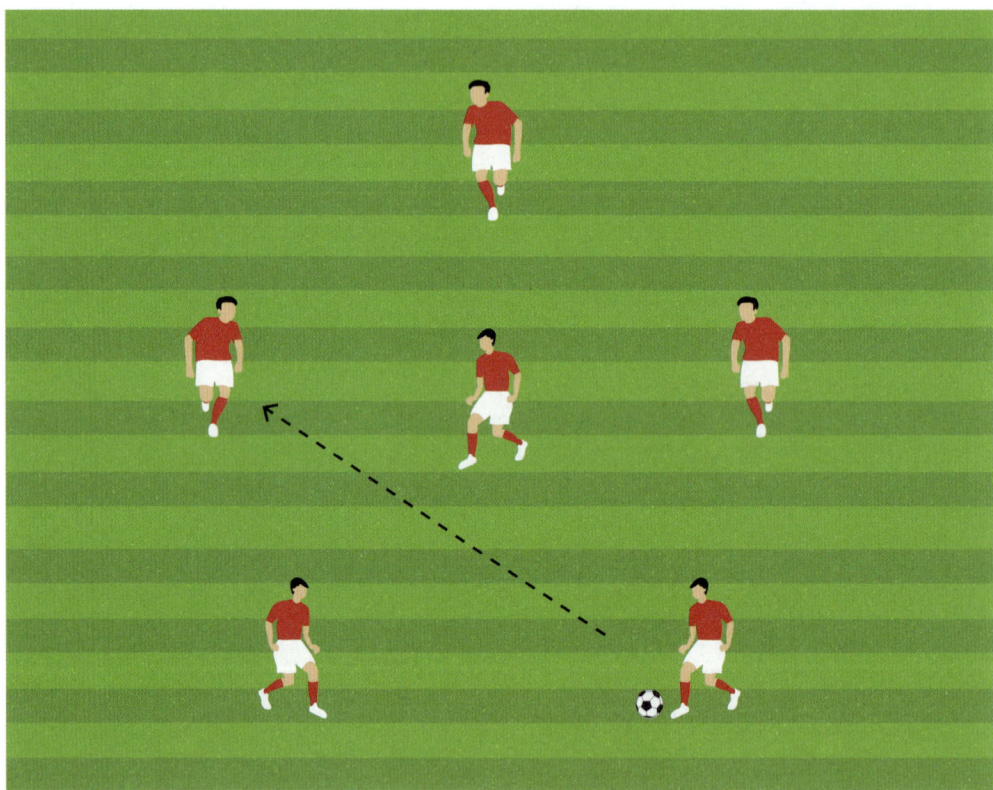

训练步骤

五角形上的球员作为进攻球员，并尽可能地连续传球，尽量做到不丢球，也不要让防守球员触到球。注意五角形上两个相邻的球员之间不能传球。位于场地内的防守球员则积极防守，干扰传球。

小提示

五角传球训练是5对1的训练形式，培养球员在防守压力下的传接球和停球能力，适用于初学者。

混合传球训练

场地布置和球员位置

用4个锥桶围成边长为27米的正方形场地；12名球员分成红队、蓝队和白队3队，每队4人，每队中1名球员持球。

👤 : 12人

🕐 : 10分钟

💼 : 4个锥桶，3个足球，红色、蓝色、白色球衣各4件

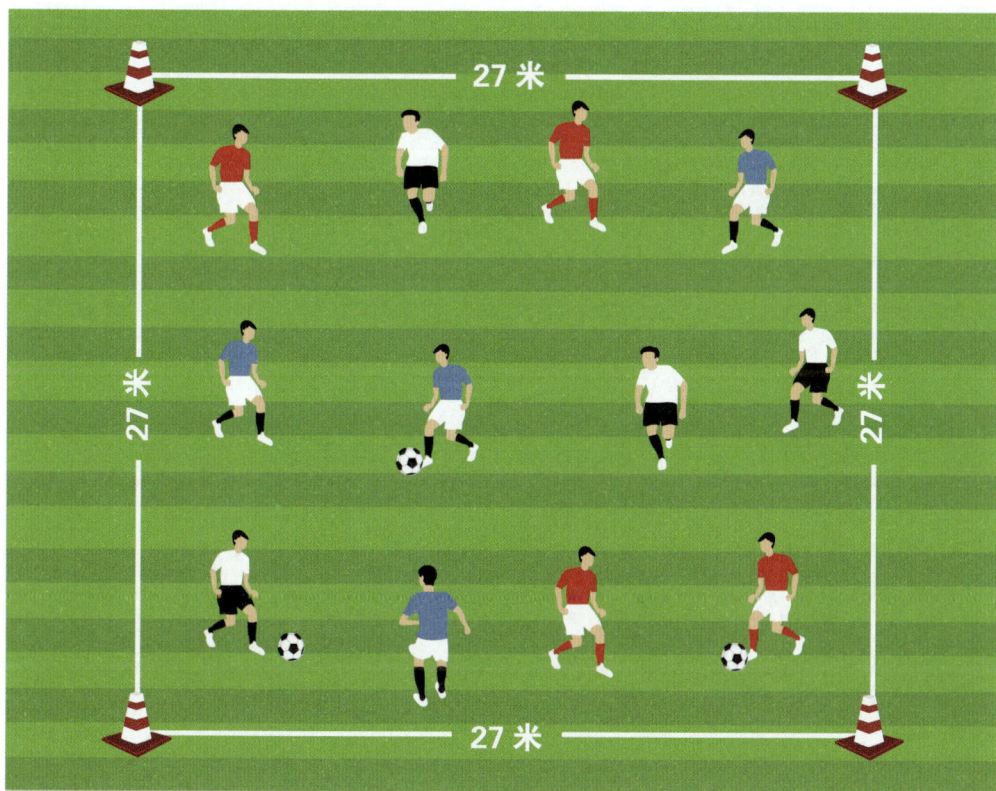

27米

27米

27米

27米

训练步骤

听到教练发出的信号后，球员在场地内移动，持球的球员靠近并传球给队友；队友接球后，在场地内带球自由移动，寻找机会将球传给下一位队友。重复以上训练动作。

知识点

训练时球员要保持良好的视野，尽量向开阔的空间移动，方便持球球员传球。队员们在传接球时也要进行交流，要配合默契，提高传接球的精准度。

过障碍传球训练

场地布置和球员位置

用4个锥桶围成边长为14.5米的正方形场地，场地的每条边上各有1名球员，其中1人持球；场地中间放置1个锥桶，2名球员位于场地内。

👤: 6人

🕐: 10分钟

💼: 5个锥桶，1个足球

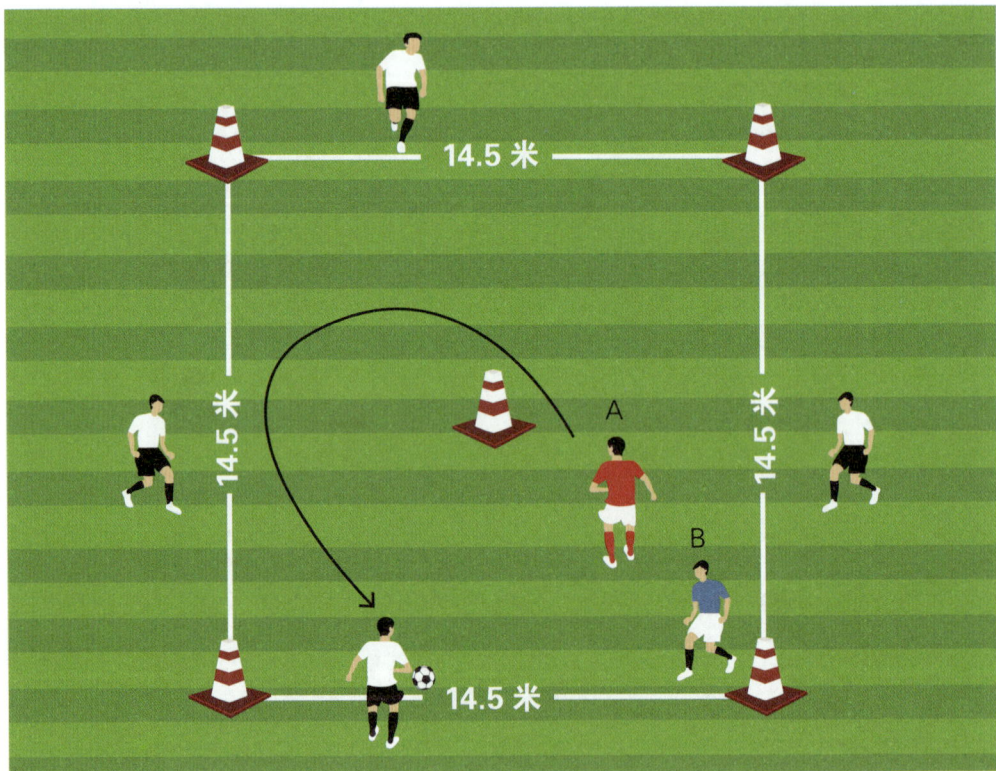

14.5 米

14.5 米

14.5 米

A

B

14.5 米

训练步骤

① 场地内的A是进攻球员，B是防守球员。训练开始后，球员A先绕着场地中间的锥桶跑动，然后忽然全速跑向持球球员。如果球员A进入开放空间，持球球员就将球传给球员A。

② 如果防守球员B封闭了空间，那么此时持球球员只能将球传向场地边上的另一名球员。

③ 球员A再绕过锥桶跑向新的持球球员。如果球员A接到球，就将球返还给传球者，传球者再将球传给场地边上的另一名球员，以此重复练习。

端线配合传球训练

场地布置和球员位置

用4个锥桶围成边长为27米×18米的场地，场地18米的端线上和27米的边线上有红队和蓝队球员各1名，场地内有红队和蓝队球员各2名，场地内1名球员持球。

👤 : 12人

⏱ : 20分钟

💼 : 4个锥桶，1个足球，红色和蓝色球衣各6件

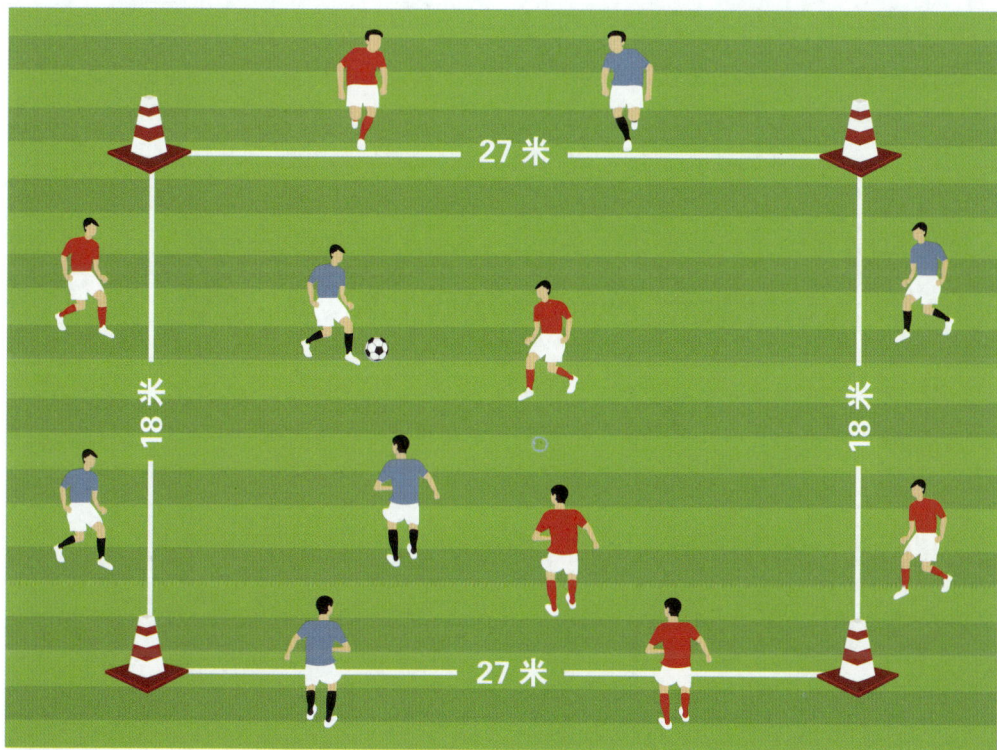

27米

18米

18米

27米

训练步骤

① 听到教练发出的信号后，持球球员尝试将球传给端线上的队友，拿到球的端线上的队友再将球传回给场内的队友，然后场地内的队友可以互相接应，互相传球，直至将球传给另1名端线上的队友。

② 拿到球的队友再次将球传回。每次将球传给端线上的队友并传回，且该队仍然保持控球权，那么该队得1分。无论哪个环节传球失败，控球权都要交给另一队。

③ 持续练习3分钟，然后场地内的队员移动到边线上，边线上的队员移动到端线上，端线上的球员则转移动到场地内，以此类推，重复练习。

过网飞球游戏

场地布置和球员位置

用 4 个锥桶围成边长为 20 米 × 10 米的场地，场地中间放置一张排球网；球员分为 2 组，每组 1~5 人，分别位于球网两侧。

👤：2~10 人，但必须为偶数

🕐：10~20 分钟

💼：4 个锥桶，1 个足球，1 张排球网

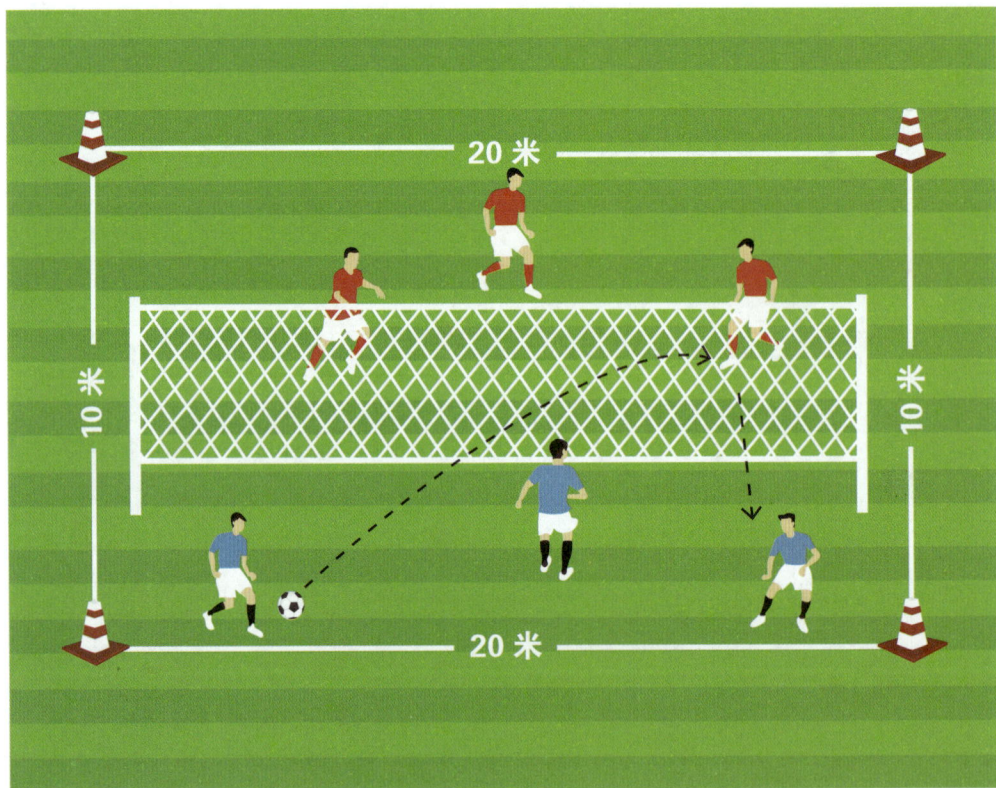

小提示

此动作可以使球员练习接反弹球和空中的球，培养弹地抽射和凌空抽射的能力，还可以提高眼睛的敏锐度。

训练步骤

① 双方球员都试图将球踢过网，且踢到对方不容易接球的位置。具体规则与排球相同。如果没有排球网，可以用长凳替代。

② 球可以在地面上弹起过网，也可以直接踢过网。

组合传球训练

场地布置和球员位置

用4个锥桶围成边长为30米×20米的场地，场地两端各放置一个球门，所有球员分为2组，每组4人。

👤：8人

🕐：10~20分钟

💼：4个锥桶，1个足球，2个球门

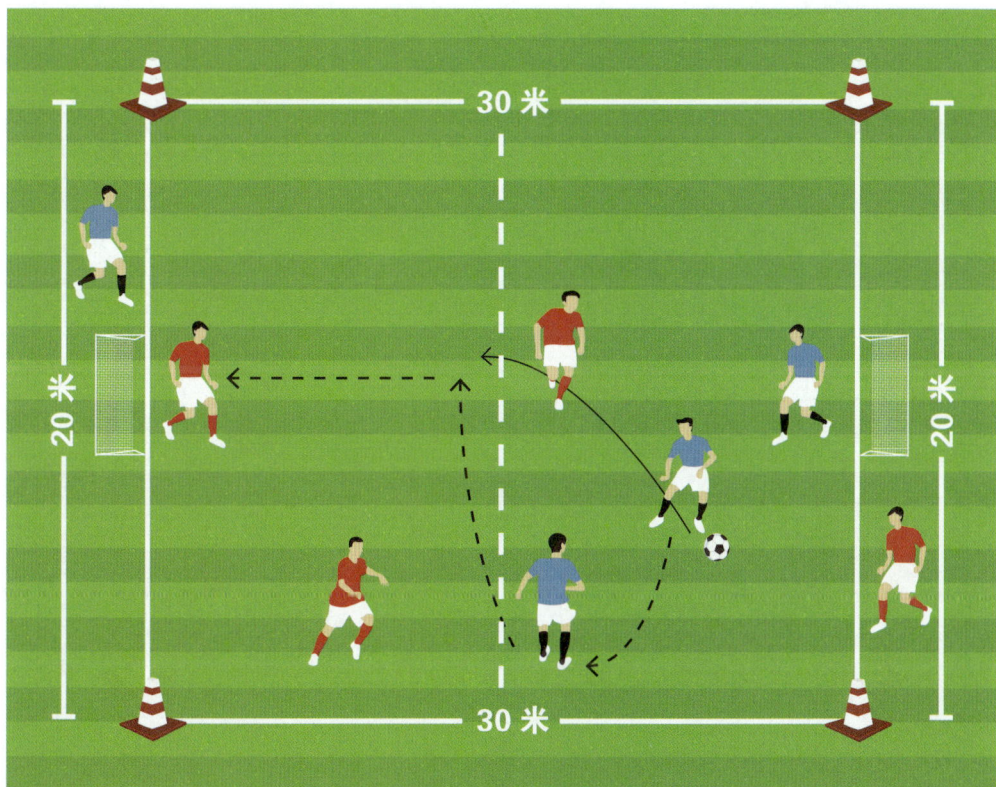

30米

20米

20米

30米

训练步骤

① 每组4名球员，1名球员守己方球门，1名球员等待轮换，另外2名球员位于场地中。场地中控球方的2名球员将球带离自己半场至进攻位置，然后将球传给站在对方球门前的队友，队友射门，进球则得1分。防守球员尽力防守。

② 如果控球方失球，则换另一组进攻。场内球员均不能越过边界。每训练5分钟可休息1分钟。每次进球后，球员角色互换。

掷界外球训练

场地布置和球员位置

用4个锥桶围成边长为20米×15米的场地；所有球员分为2组，每组6~8人。

👤：12~16人，但必须为偶数

🕐：10~20分钟

💼：4个锥桶，1个足球

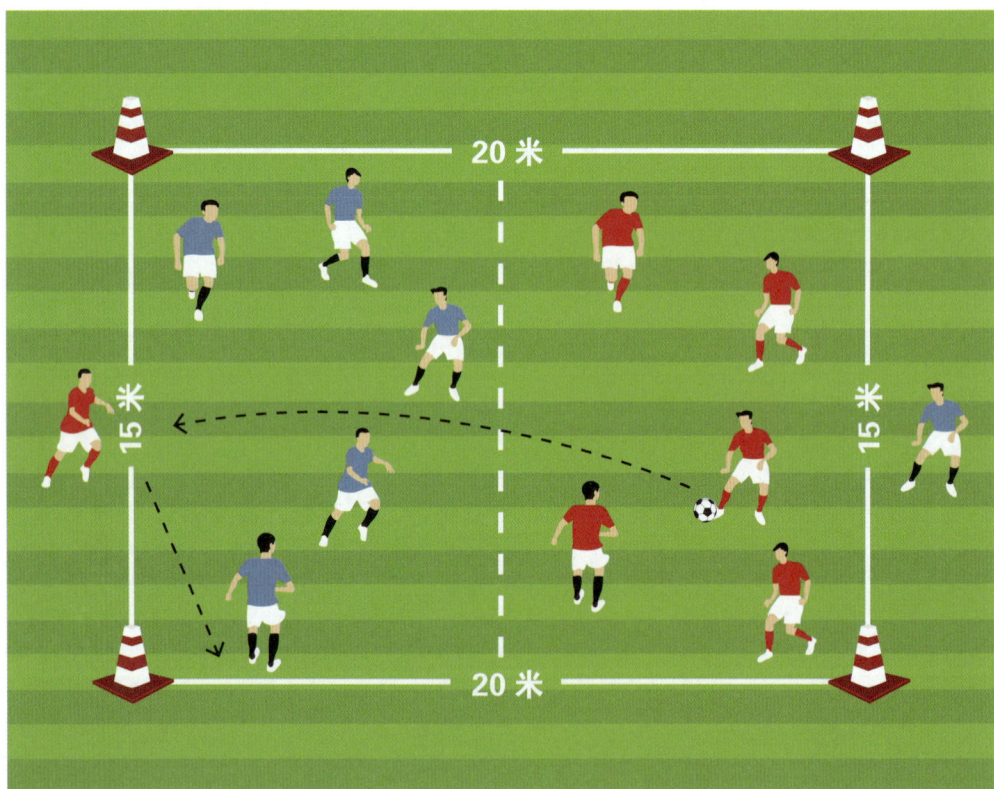

训练步骤

① 2组球员各站半场，每组指派1名球员站在对方球门线外，然后开始训练。红队控球球员先将球传给位于对方球门线外的队友，该队友通过掷界外球的方式将球掷向对方球员，尽可能用球击中对方球员的腿。蓝队球员如果被击中，则站到对方球门线后方。注意只能在己方半场将球掷向对方球员。

② 如果球被蓝队球员接住，控球权就在蓝队，由蓝队位于对方球门线外的队员进行投掷。当一方所有球员都被击中过后，训练结束。

击中目标训练

场地布置和球员位置

用 4 个锥桶围成边长为 30 米的正方形场地；球员平均分为 2 组。

👤：人数不限，但必须为偶数

🕐：10 分钟

💼：4 个锥桶，1 个足球

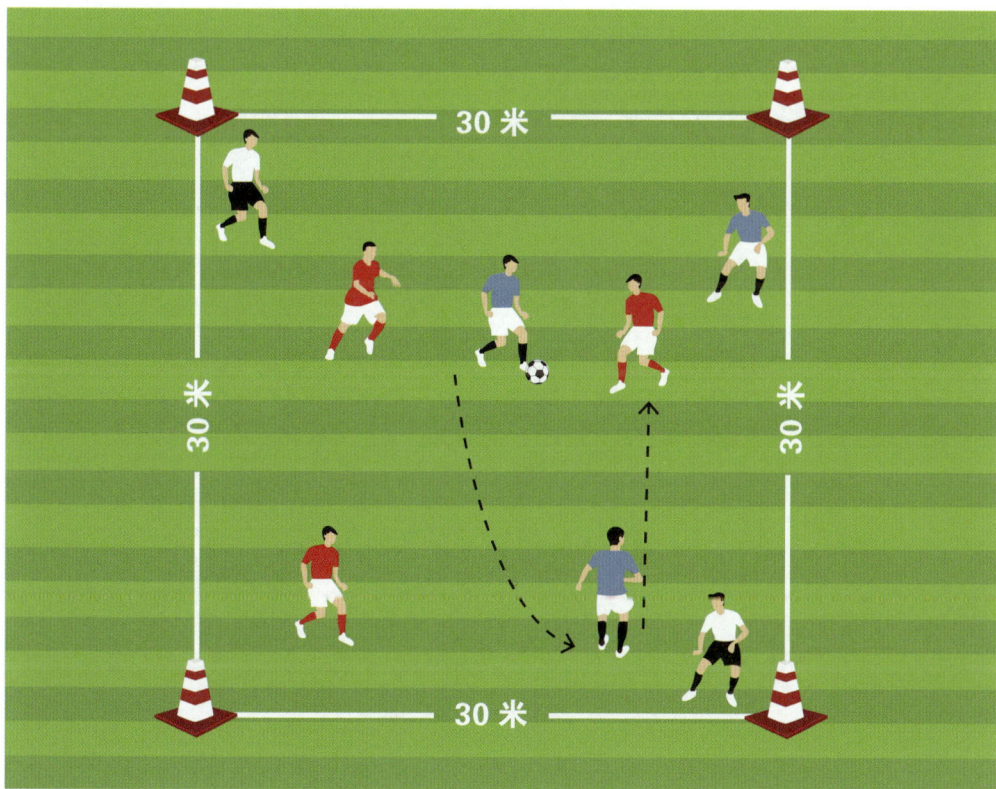

训练步骤

① 球员平均分为 2 组，每组选出 1 名目标球员，身穿不同颜色的球衣进行区分。

② 听到教练发出的信号后，控球方球员开始带球、传球，并试图用球击中对方的目标球员，击中则该小组得 1 分；防守方则试图拦截球。

③ 当对方的目标球员被击中或者球被对方拦截时，双方交换控球权，继续进行训练。训练持续 10 分钟，最后累计得分最高的小组获胜。

颠球回传训练

场地布置和球员位置

用 4 个锥桶围成边长为 20 米的正方形场地；4 名球员位于场地内。

👤	4 人
⏱	16 分钟
💼	4 个锥桶，2 个足球

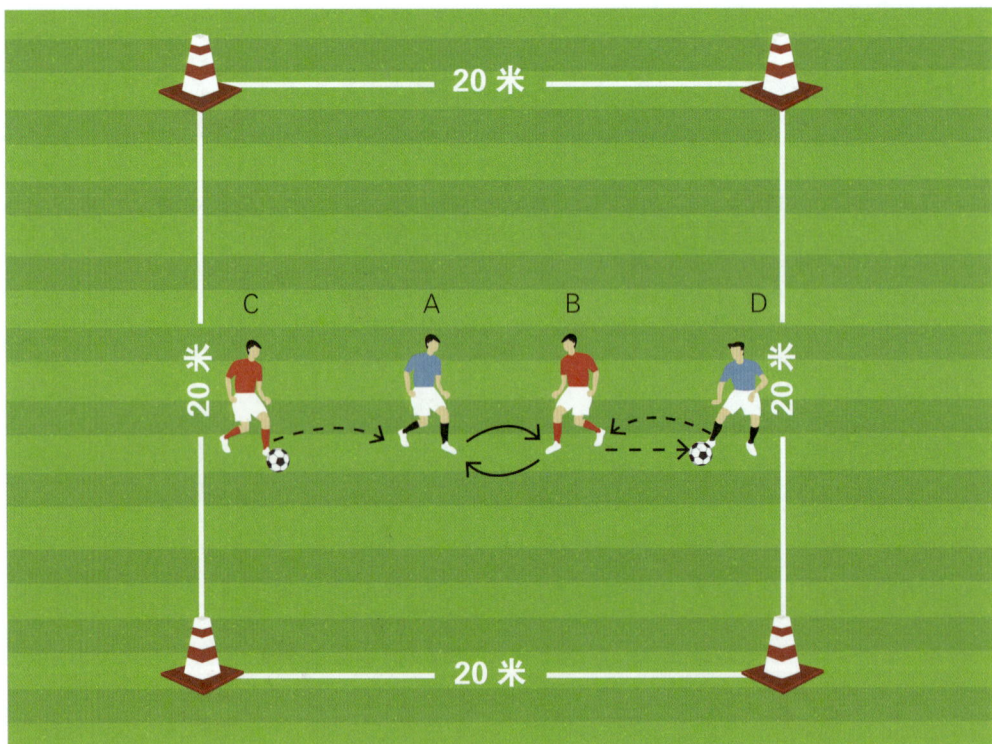

训练步骤

① 球员 C 和球员 D 相距 15 米并持球面对面站立，球员 A、球员 B 面对面站在球员 C、球员 D 中间。

② 听到教练发出的信号后，球员 A、球员 B 分别跑向他们对面靠近边线的球员，此时球员 C 和球员 D 将球传向球员 B 和球员 A，球员 A 和球员 B 先用脚颠球，再将球传给球员 D 和球员 C。

③ 球员 A 和球员 B 传球后，互换位置接球。持续 2 分钟后，球员之间交换角色，重新进行训练。

第6章

11~12岁
传接球训练

FOOTBALL

相较于低年龄段的少儿，11~12岁少儿的身体素质提高了不少，对各种传接球的应变能力也有所增强。因此他们可以学习不同的接球方式和传球技能。本章讲解了多种传球训练，帮助他们提升传球技能。在接球方面，此年龄段的少儿可以接来自空中的球，他们的接球技术不断提高，接球时也更加平稳。

CHAPTER6 ▶

本章图示说明

传球 / 射门　- - - →
无球移动　　——→
有球移动　　～～→

一次触球训练

场地布置和球员位置

用4个锥桶围成边长为18米的正方形场地；所有球员分散在场地内，2名球员1组。

👤 : 6人或以上，但必须为偶数

🕐 : 5分钟

💼 : 4个锥桶，每2名球员1个足球

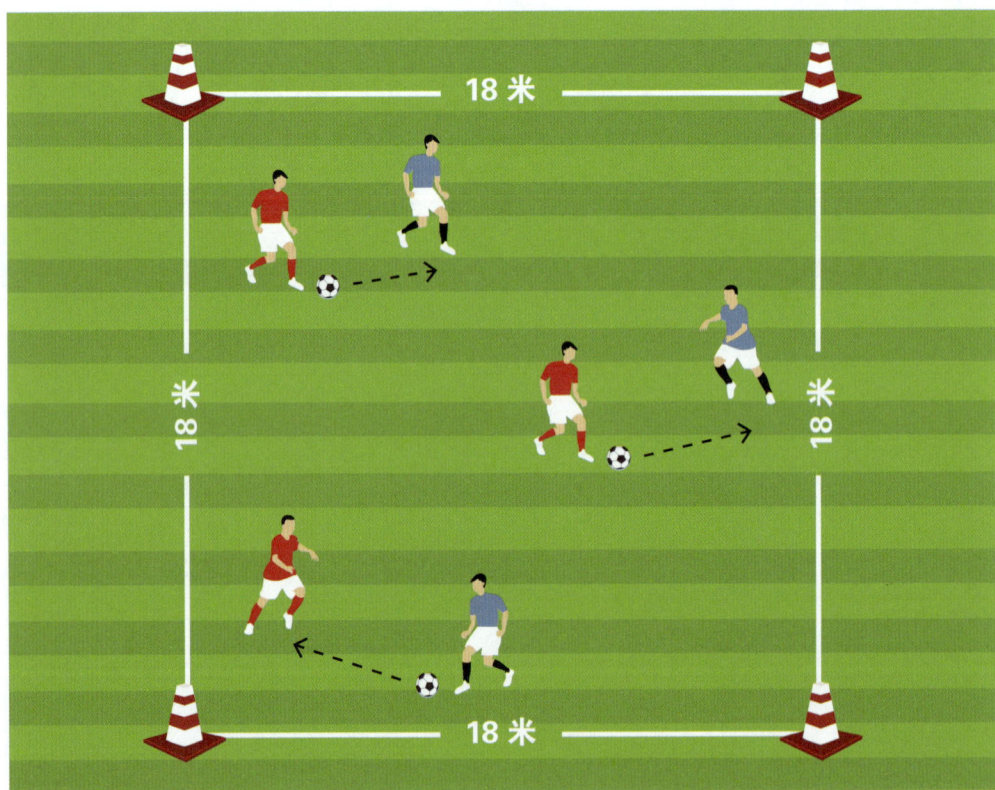

训练步骤

① 2名球员1组进行练习，每组有1名球员持球。

② 听到教练发出的信号后，所有球员开始在场地内移动，移动过程中，持球球员将球传给搭档，搭档不能停球，直接将球传回；然后所有球员继续移动，并保持触球1次后将球传回。

小提示

本训练培养球员在移动时传球的精准度。搭档之间应保持适当的距离，熟练后可以将距离逐渐拉远。

3 人配合传球训练

场地布置和球员位置

用 4 个锥桶围成边长为 27 米的正方形场地；所有球员分散在场地内，3 名球员为 1 组。

👤 ：9 人及以上，但必须为 3 的倍数

🕐 ：10 分钟

💼 ：4 个锥桶，每 3 名球员 1 个足球

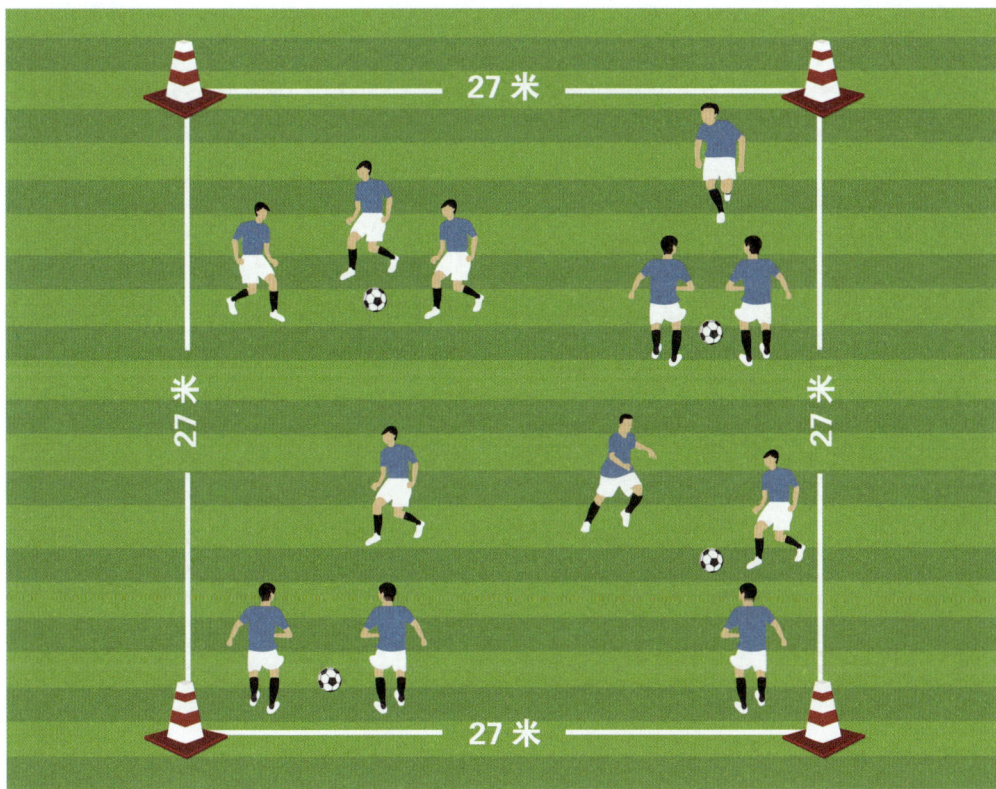

训练步骤

① 听到教练发出的信号后，所有球员开始在场地内移动，移动的同时要留意本组球员的位置。

② 每组持球的球员带球穿过开放空间，小组的其他 2 名球员要找好位置等待接球。这 2 名球员中，1 名球员距持球球员 3~4.5 米，以便提供支援；另 1 名球员距离持球球员较远，留出空间，等待接球。持球球员寻找时机传球给距离自己较近的球员。

场地循环传球训练

场地布置和球员位置

用 16 个锥桶围出 4 个边长为 14.5 米的正方形场地。其中场地 1 和场地 3 中的球员进行 4 对 1 防守赛，场地 2 和场地 4 中各有 1 名球员。

👤 : 10 人

🕐 : 15 分钟

💼 : 16 个锥桶，2 个足球，2 件白色球衣，2 件红色球衣，8 件蓝色球衣

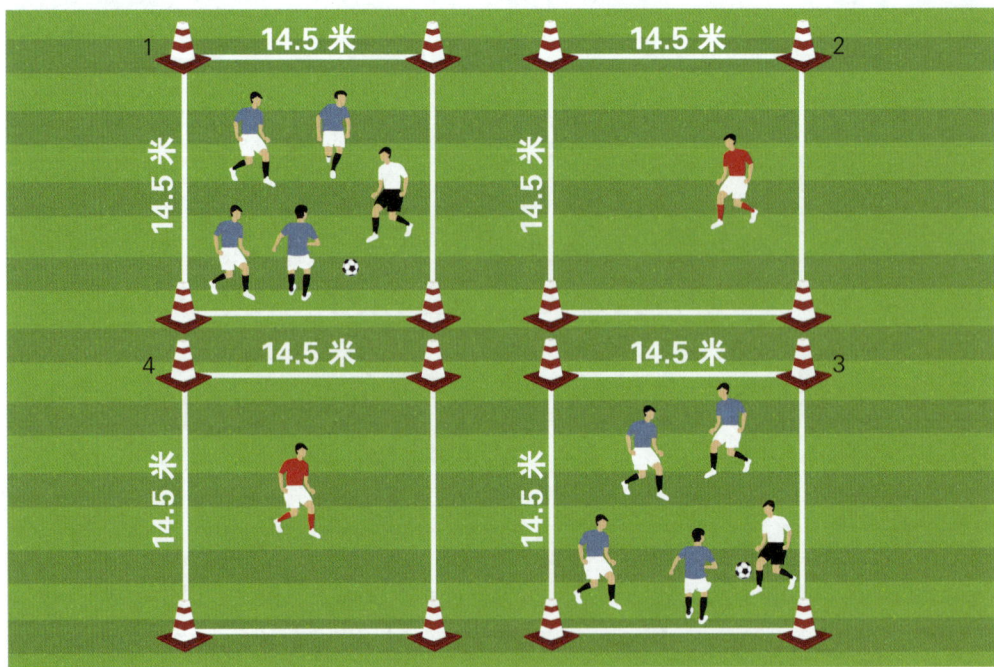

训练步骤

① 场地 1 和场地 3 中的球员进行 4 对 1 练习，穿白色球衣的球员是防守球员。

② 在防守赛中进行 4 次传球后，持球球员将球传到场地 2 或场地 4 中，随后除了传球的球员外，其余球员都来到球所在的场地。新场地中穿红色球衣的球员担任防守球员，继续进行 4 对 1 的防守赛。以此类推，重复练习。

③ 如果防守球员在第 5 次传球之前抢到球或球出界，防守球员就要与失误球员交换球衣，此时失误的球员变成了防守球员，原防守球员变成传球球员中的一个。训练再次开始，并继续在完成 4 次连续传球之后将球传进新场地。

防守传球训练

场地布置和球员位置

用4个锥桶围成边长为27米的正方形场地；9名球员平均分为3队，分别穿红色、蓝色、白色球衣位于场地内。

👤：9人

🕐：10分钟

💼：4个锥桶，1个足球，红色、蓝色和白色球衣各3件

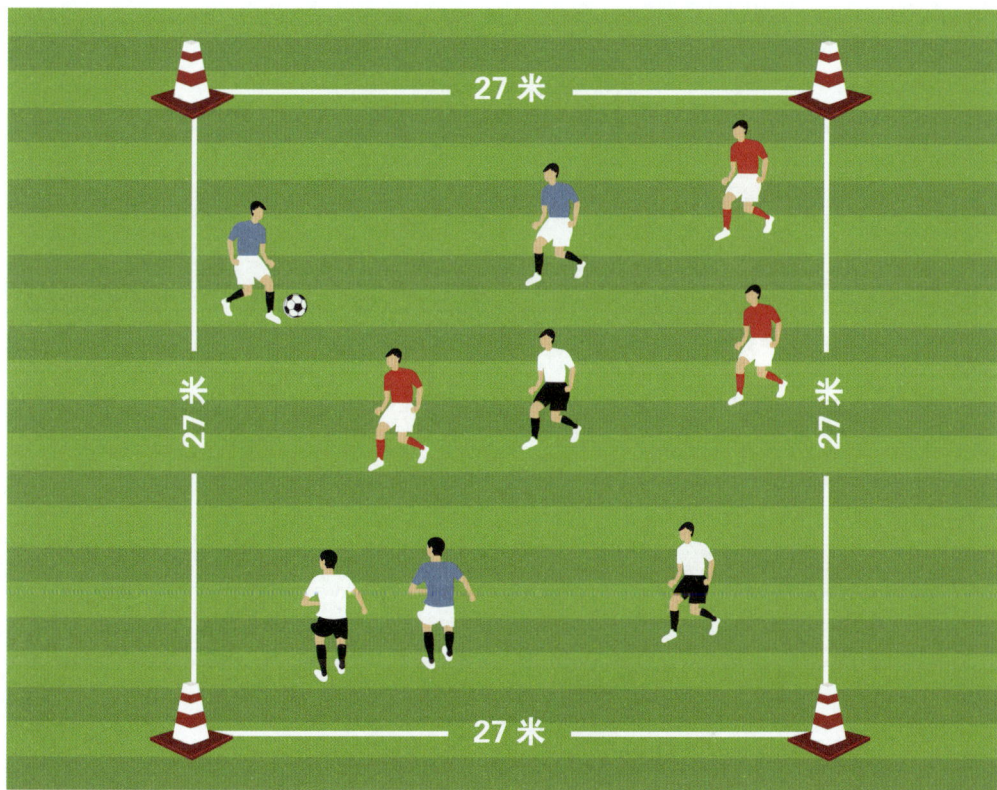

训练步骤

① 红队和蓝队的球员相互传球，每成功传球5次得1分。白队为防守球员，如果白队球员拿到控球权或球出界，失误的队就变为防守球员，且扣1分。

② 训练持续10分钟，累计得分最多的小组获胜。

大腿停球训练

场地布置和球员位置

用4个锥桶围成边长为15米的正方形场地；8名球员，分别站在场地两端边线内。

👤 :	8人
⏱ :	2分钟
💼 :	4个锥桶，每2名球员1个足球

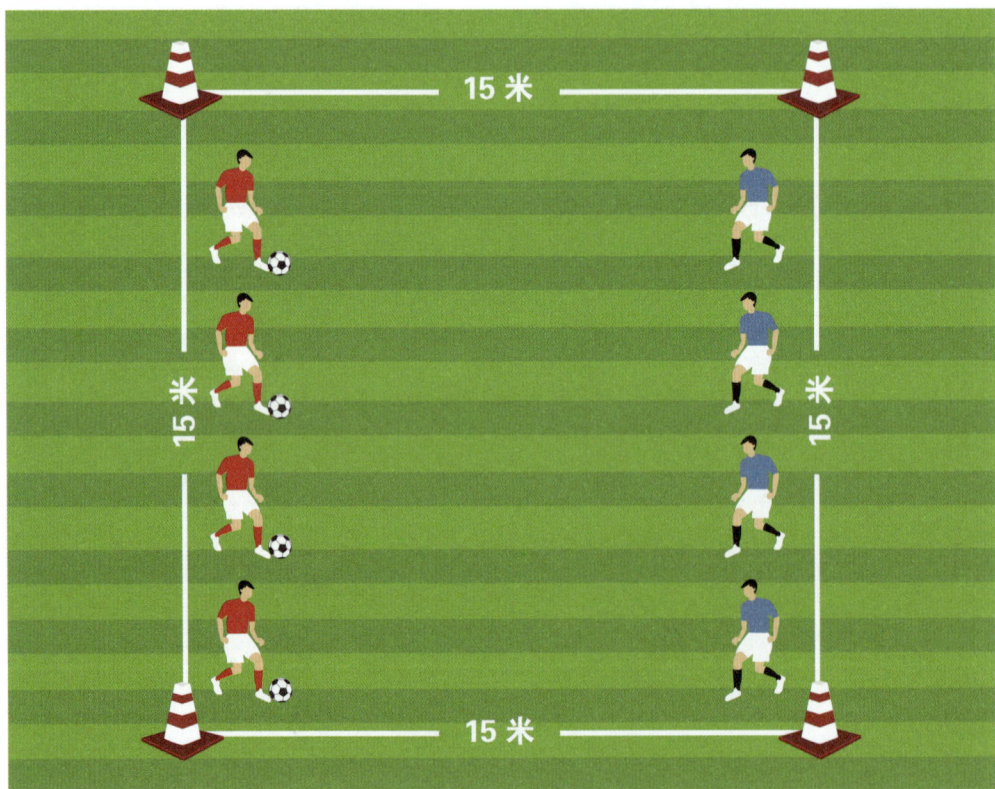

训练步骤

① 2名球员为1组，相距约10米面对面站立。持球球员用手将球抛给对方，对方用大腿停球，然后使球落地，并将球踢回；接到球后，持球球员继续掷球，接球球员换腿停球。

② 重复练习10次，即接球球员每条腿接5次球；2名球员互换角色，继续进行训练。

转转球游戏

场地布置和球员位置

用 4 个锥桶围成边长为 30 米的正方形场地，在场地中间画一个直径为 10 米的圆圈。4 名持球球员位于场地内、圆圈外，防守球员位于圆圈内。

👤 : 5 人

🕐 : 10 分钟

💼 : 4 个锥桶，除防守球员外每名球员 1 个足球，画圆圈的粉笔

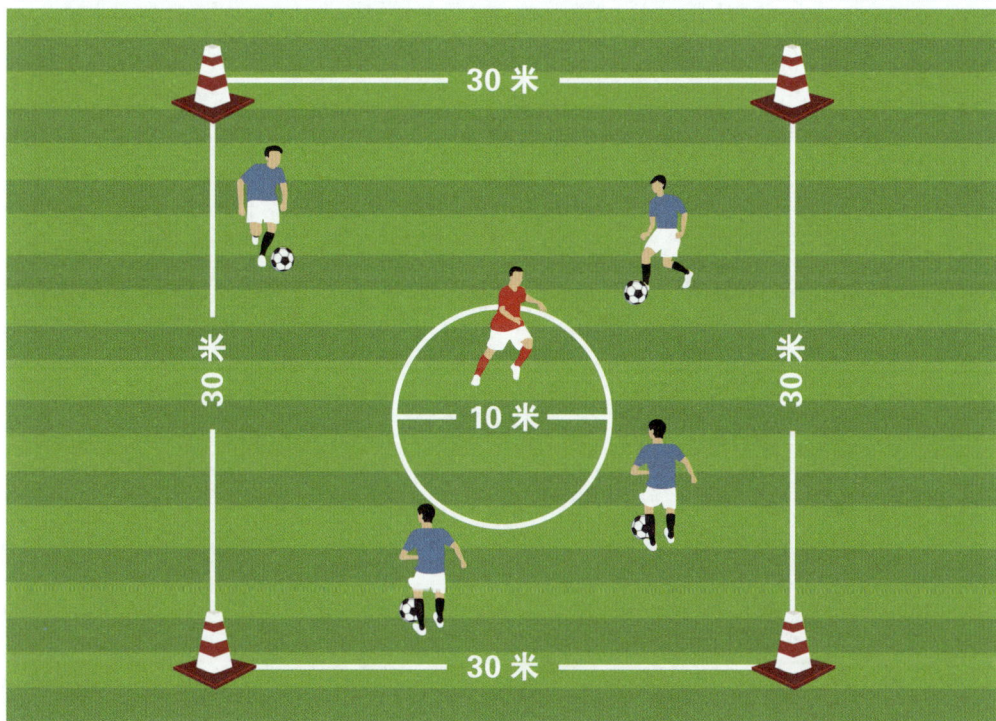

30 米

30 米

30 米

10 米

30 米

训练步骤

① 指定 1 名球员站在圆圈中间，作为防守球员；其余球员持球分散于圆圈外，作为进攻球员。

② 进攻球员使球从圆圈中通过，然后立刻绕着圆圈跑到球所在的位置。此时距离前一个传球球员最近的球员也将球从圆圈中通过，同时跑向所传的位置，如此重复。进攻球员不能跑到圈内，也不能从圆圈外传球。

③ 中间的防守球员试图拦截进攻球员传的球。进攻球员连续 8 次传球成功，得 1 分；防守球员如果成功截球，或者球没有穿过圆圈，防守球员得 1 分，随后球回到进攻球员手中，游戏继续。攻防球员中任何一方得到 8 分，就换一名球员作为防守球员，游戏继续进行。

流动的弹珠

场地布置和球员位置

用4个锥桶围成边长为15米的正方形场地；4名球员位于场地内。

👤	：4 人
🕐	：8~16 分钟
💼	：4 个大号锥桶，2 个足球

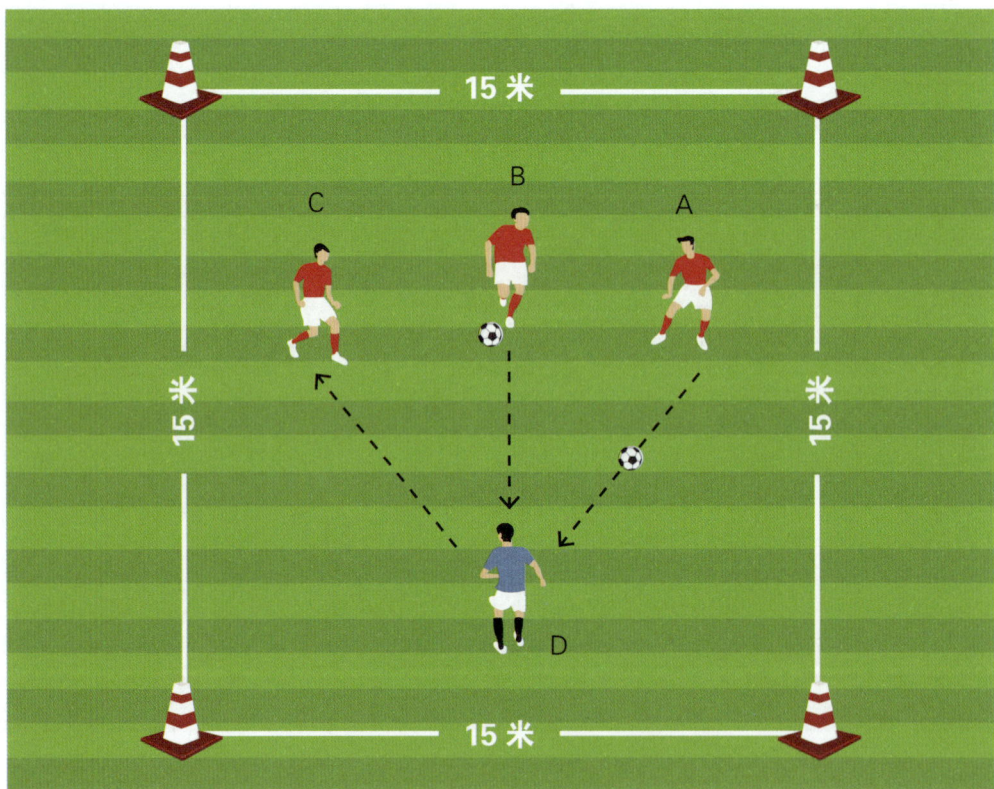

训练步骤

① 球员A、球员B、球员C间距2米呈弧形站立，球员D和球员B相距7米面对面站立。球员A和球员B持球。

② 听到教练发出的信号后，球员A将球传给球员D，球员D接到球后立刻传球给球员C；随后球员B将球传给球员D，球员D再将球传给球员A。以此类推，持续传球2分钟，然后变换角色，重新开始。

按节奏传球游戏

场地布置和球员位置

用 4 个锥桶围成边长为 45 米×25 米的场地；所有球员分散于场地内。

👤：人数不限

⏱：10 分钟

💼：4 个锥桶，足球若干

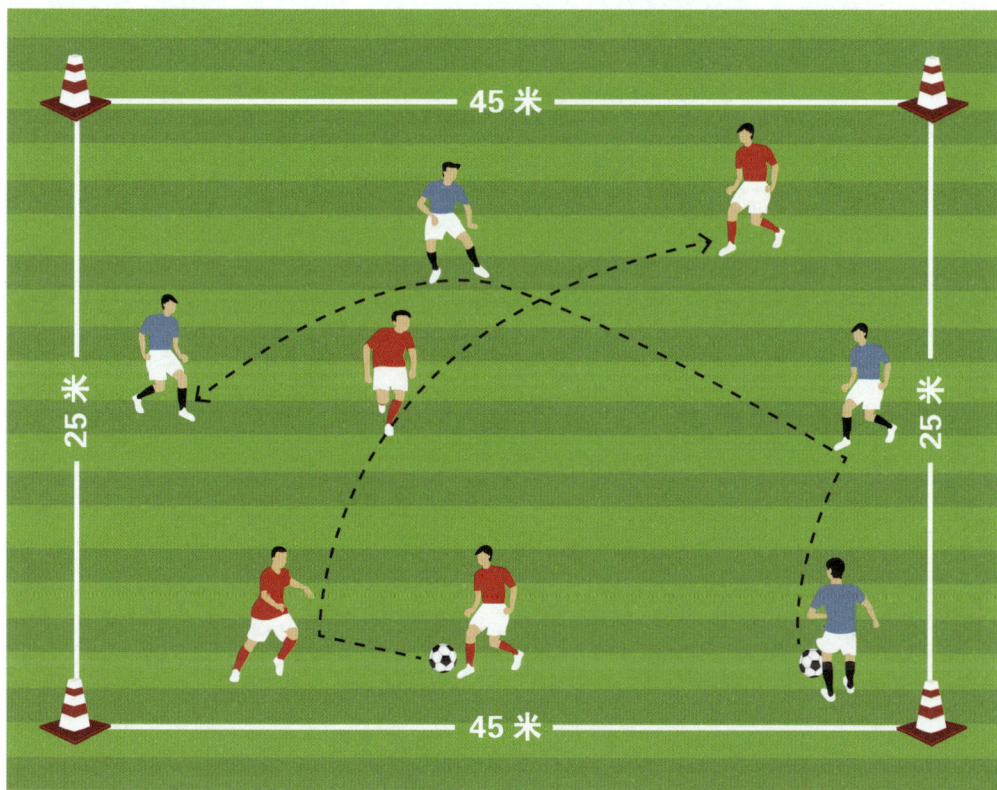

训练步骤

① 所有球员平均分为若干组，每组 3~5 人，每组 1 个足球，各组球员之间进行传接球。

② 各组按照短传—短传—长传的顺序连续传球。短传传球距离为 5~10 米，长传传球距离为 20~30 米。短传时必须是地滚球。

⚽ 小提示

熟练掌握后，可以逐渐增加游戏难度，通过限定球员的触球次数来增加游戏的挑战性，或各组增加 1 名防守球员。

快速切换地点传球

场地布置和球员位置

用 4 个锥桶围成边长为 45 米 × 25 米的场地；所有球员分散于场地内。

👤 : 9 人

🕐 : 18 分钟

💼 : 4 个锥桶，1 个足球

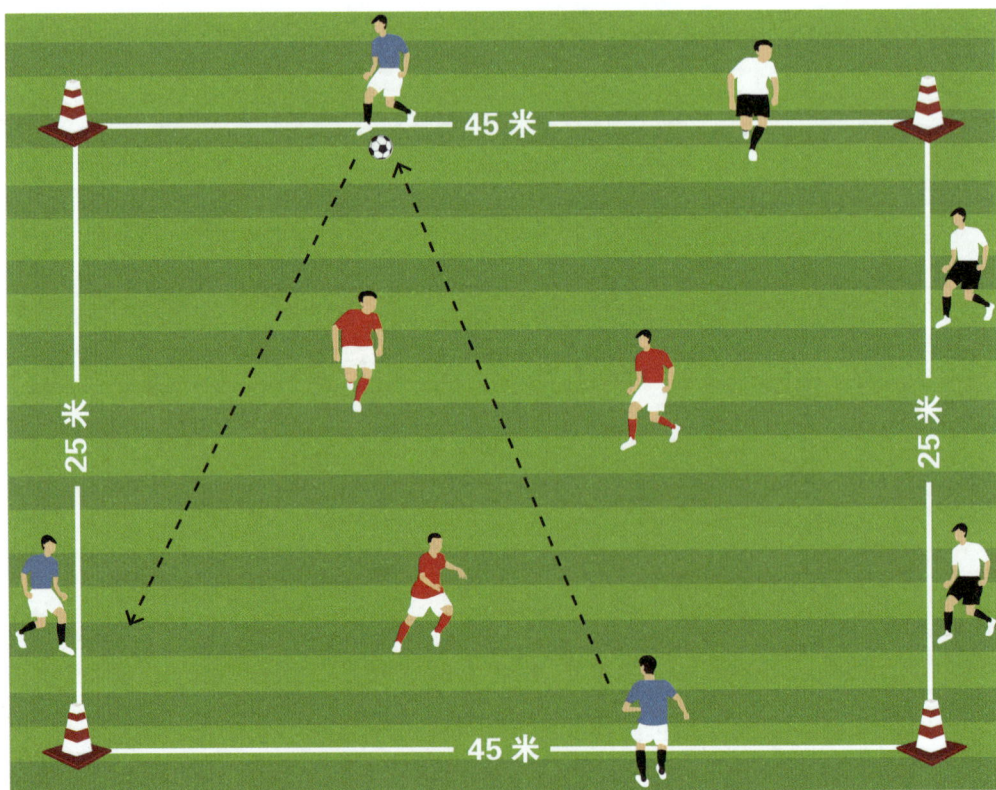

训练步骤

① 所有球员平均分为 3 组，一组为站在场地内的防守方，另外两组为站在场地 4 条边线处的进攻方。

② 听到教练发出的信号后，进攻方在场地外进行长传，接球、控球和传球时的触球次数不能超过 3 次。如果进攻方持续传球达 8 次及以上，得 2 分。

③ 防守方通过配合来封锁对方能使用的传球空间，并争取抢夺控球权，成功拦截球后，再将球交还给进攻方，防守方得 1 分。

④ 持续进行 6 分钟，然后双方交换角色，继续比赛。共进行 3 场比赛。最后累计得分最高的小组获胜。

移动传球训练

场地布置和球员位置

场地为正规比赛场地的半场；所有球员平均分为2组，分散于场地内。

👤：12~20人，但必须为偶数

🕐：15分钟

💼：1个球门，1个足球

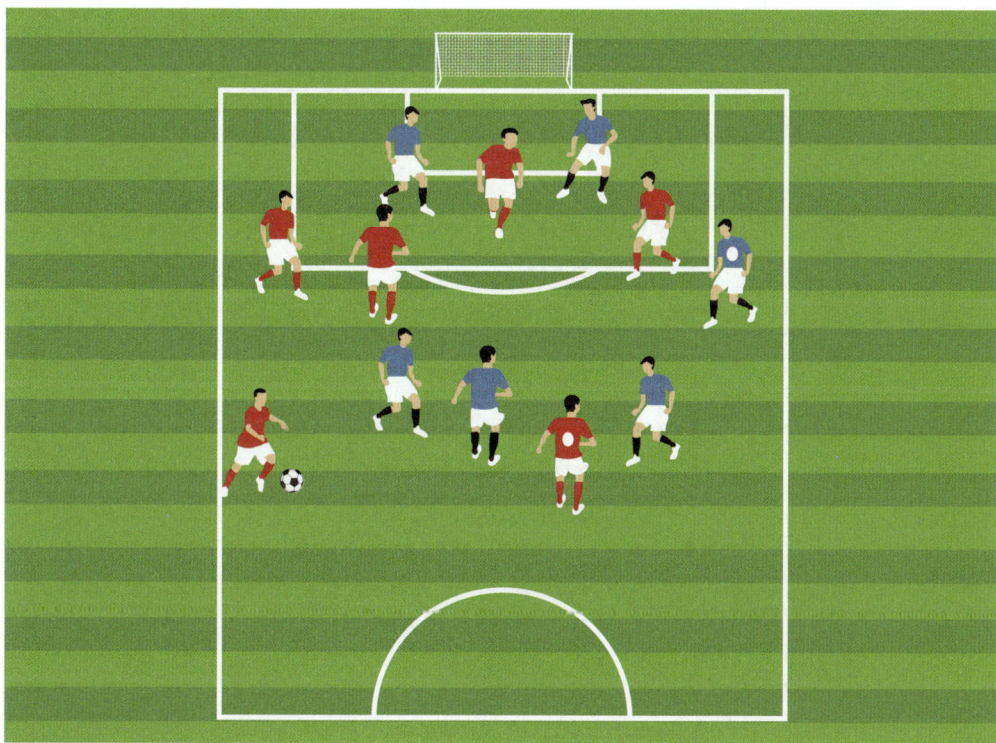

训练步骤

① 将所有球员平均分为2组，用不同颜色的球衣区别开。同时每组指定1名球员为目标球员，球衣颜色区别于他人。

② 听到教练发出的信号后，控球方开始传球，试图将球传给本组的目标球员，连续成功传球6次得1分，成功传给目标球员得2分。

③防守方要尽量抢夺控球权，如果成功抢夺控球权，也试图将球传给本组的目标球员，得分规则相同。比赛结束后，累计得分最高的小组获胜。

团队控球训练

场地布置和球员位置

场地为正规比赛场地的半场；所有球员平均分为2组，每组6~9人，另外加1名中立球员，所有球员分散于场地内。

- 👤：13~19人，但必须为奇数
- 🕐：15分钟
- 💼：1个球门，1个足球

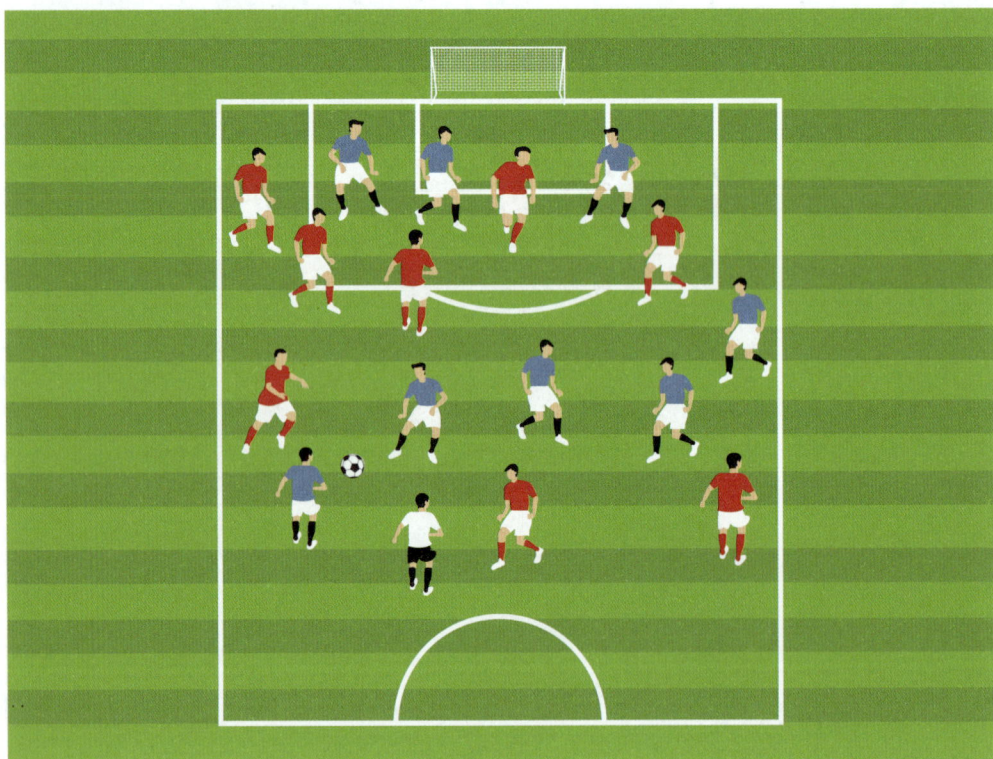

训练步骤

① 指定1名球员为中立球员，其余球员平均分为2组，用不用颜色的球衣区分开来，中立球员的球衣颜色和其他2组不同。

② 中立球员始终和控球方一起进攻，使球远离对手。控球球员在3脚内出球。

③ 如果球被对方抢夺，或球被踢出界，或球员传接球时触球超过3次，双方交换控球权，中立球员继续和控球方一起进攻。控球方连续成功传球8次得1分。最后累计得分最高的小组获胜。

凌空一脚

场地布置和球员位置

用4个锥桶围成边长为25米×15米的场地，中间放置1张排球网；所有球员分为2组，位于球网两侧。

👤：10~20人，但必须为偶数

🕐：20分钟

💼：4个锥桶，1个足球，1张排球网

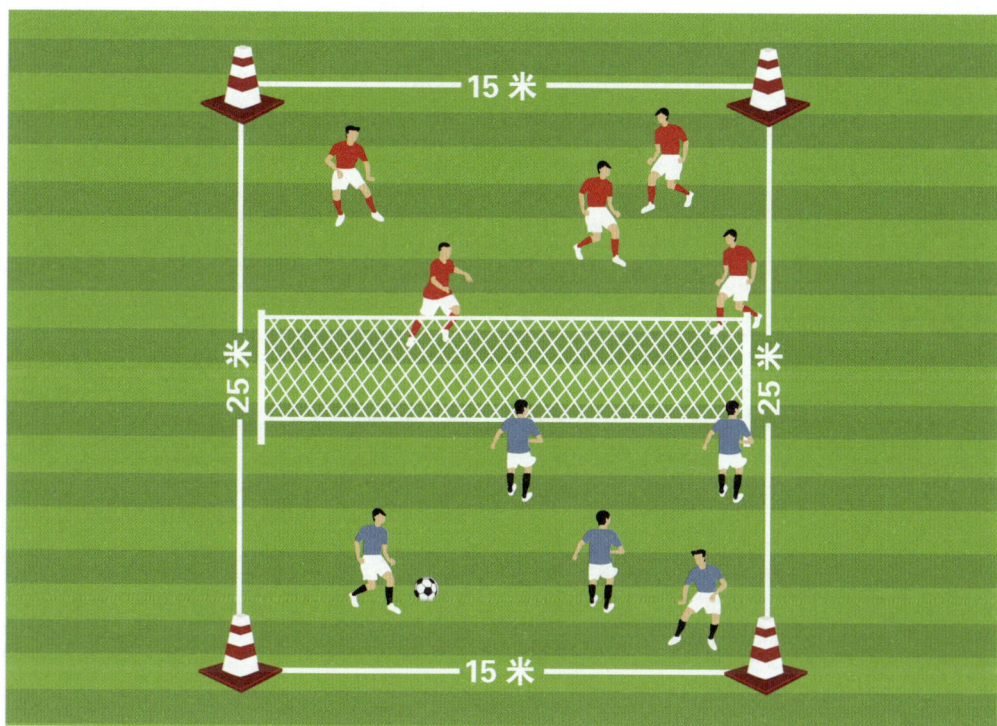

15米

25米

25米

15米

训练步骤

① 球员平均分为2组，每组5~10人，分别位于球网两侧的场地内。先从一侧开始发球，发球员站在底线用脚发球，且发球过网，不能超出对方的场地范围。如果发球触网返回，发球员可再次凌空抽射；如果再次失败，可将球传给其他队友。

② 对方以头或脚传球，或者将球再踢过网。如果出现发球或回发球未过网、发球或回发球出界、球回弹1次以上、球员以手控球或传球的情况，双方交换发球权。

③ 接球的小组失误1次，发球方得1分，比赛共进行3个回合，先得2分的小组获胜。

内外一体团体赛

场地布置和球员位置

用 4 个锥桶围成边长为 35 米 × 25 米的场地；所有球员平均分为 2 组。

👤：20~24 人，但必须为偶数

🕐：10~15 分钟

💼：4 个锥桶，1 个足球

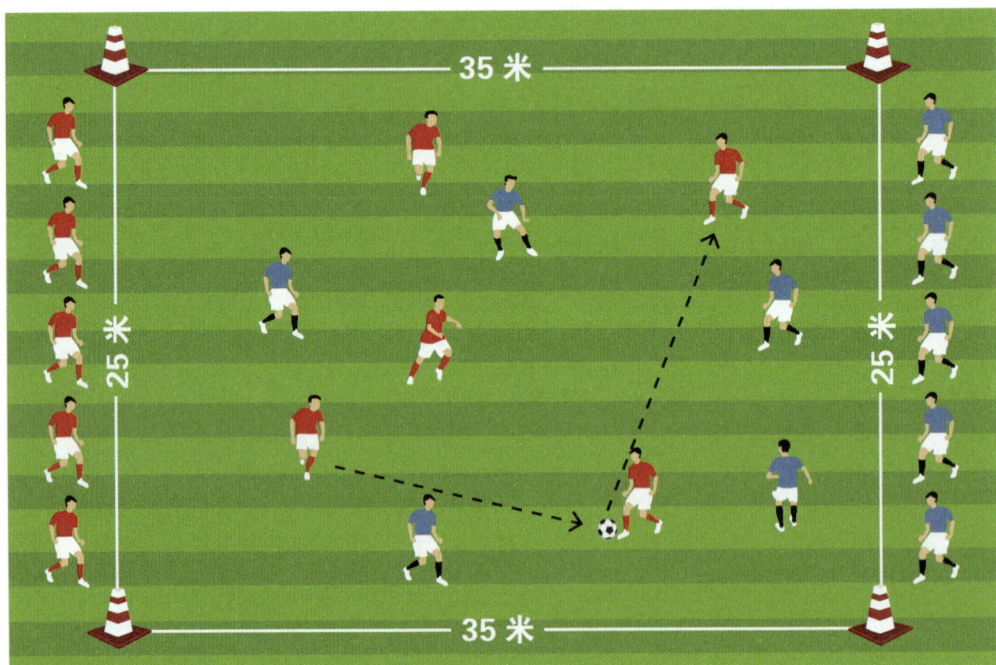

训练步骤

① 所有球员平均分为 2 组，每组 10~12 名球员，用两种颜色不同的球衣将其区分开。每组有 5 名或 6 名球员位于场地内，其余球员等距离站在场地的端线外，且保证各组场地内和端线外的球员人数相等。

② 控球方在场地内持续保持控球，使球远离对方球员。场地内和端线外的队友可以互相传球，但端线外的球员不能进入场地内。传接球的触球次数控制在 2 次以内。

③ 如果球被防守方抢夺，或进攻方球员触球 2 次以上，或者球被进攻方球员踢出界，双方交换控球权。

④ 比赛持续进行 3~4 分钟，然后场地内和场地外的球员互相交换场地，继续进行比赛。连续传球 8 次得 1 分，累计得分最多的小组获胜。

远距离长传弧线球

场地布置和球员位置

用 4 个锥桶围成边长为 30 米的正方形场地；所有球员位于场地内。

👤	：10 人
🕐	：10 分钟
💼	：4 个锥桶，1 个足球

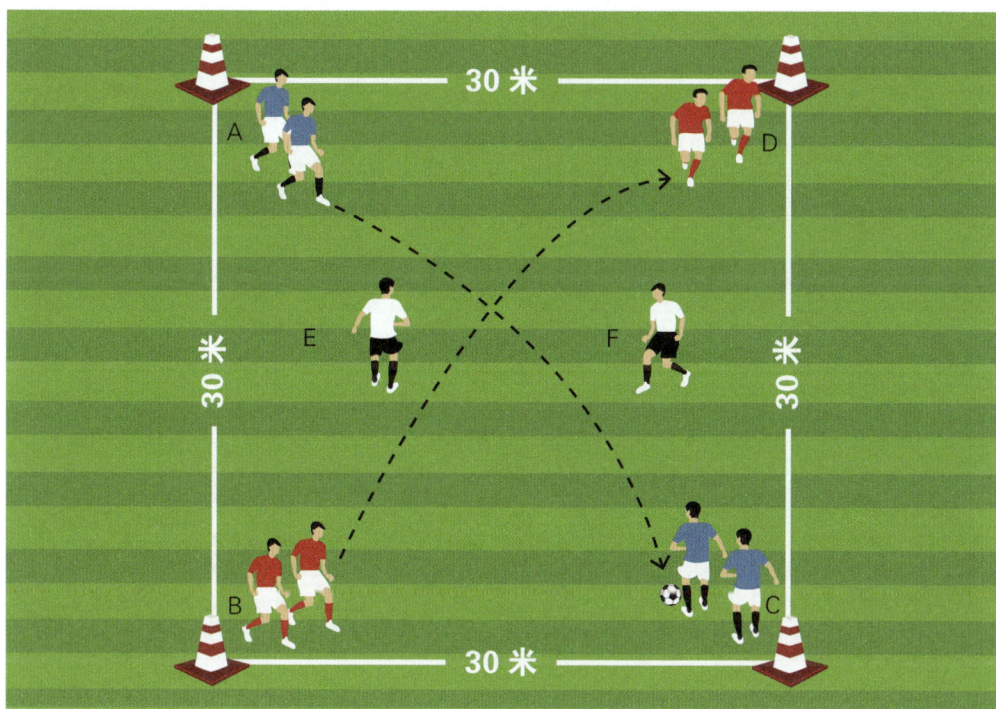

训练步骤

① 共 10 名球员，先指定 2 名球员站在场地左右球员 E 和球员 F 的位置；其余球员分为 4 组，每组 2 人，分别站立在场地的 4 个角。

② A 组球员持球，听到教练发出的信号后，持球球员沿空中对角线传球，将球传向 C 组球员，C 组球员再将球传给球员 F，球员 F 将球传给 B 组球员，B 组球员沿对角线传球，将球传给 D 组球员，D 组球员将球传给球员 E，球员 E 再将球传给 A 组球员。以 A–C–F–B–D–E–A 循环传球，位于对角线两端的球员踢远距离的弧线球完成传球。

③ 每进行 1 轮，组内球员要交换位置，轮流参与，中间的球员 E、球员 F 也要交换位置。

小组传接球训练

场地布置和球员位置

用 4 个锥桶围成边长为 40 米的正方形场地；所有球员平均分为 3 组，每组 4 人。

👤	：12 人
🕐	：15~20 分钟
💼	：4 个锥桶，1 个足球

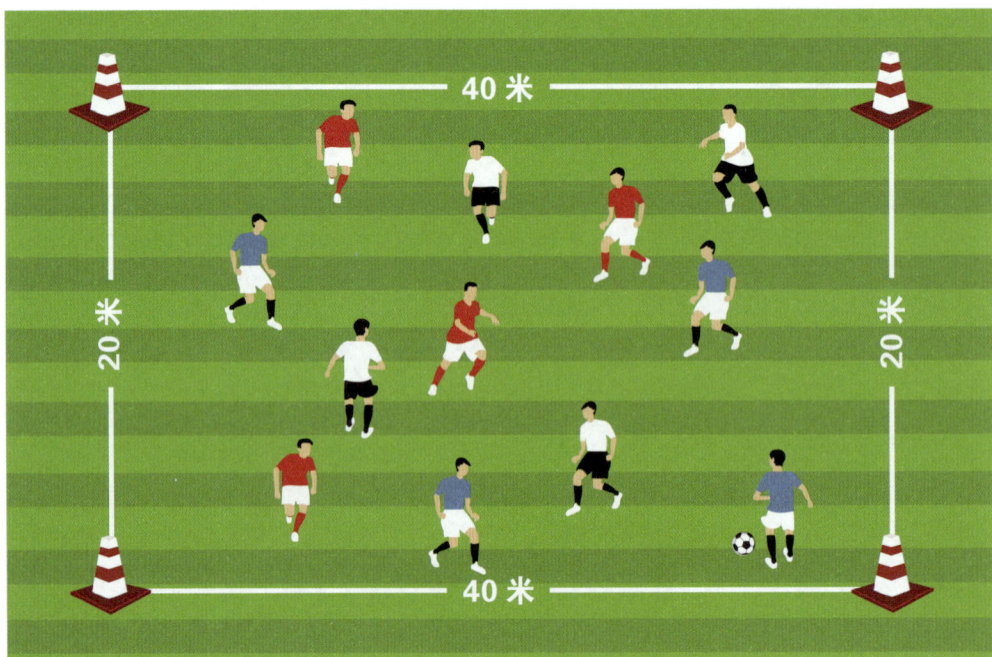

训练步骤

① 3 组球员中，一组为防守方，其余两组为进攻方，用不同颜色的球衣进行区分。

② 听到教练发出的信号后，进攻方开始进攻，用 2 次触球的方式来传接球，防守方尽力抢夺控球权。

③ 如果防守方成功抢夺球，或进攻方球员触球 2 次以上，或球被踢出界，失误的一组变为防守方，原防守方变为进攻方，同另一组进攻方共同进攻，如此重复进行训练。

小提示

此训练重在培养球员在一定比赛压力下的传接球能力，可根据球员的水平，通过增加或降低触球次数调整训练难度。

向球门进攻

场地布置和球员位置

用4个锥桶围成边长为45米×20米的场地，在距离两长边线9米的位置画线，两端作为球门区，中间的区域作为防守区域；所有球员平均分为2组，位于防守区域内。

👤 : 8~12人，但必须为偶数

🕐 : 20分钟

💼 : 4个锥桶，1个足球，画线的粉笔

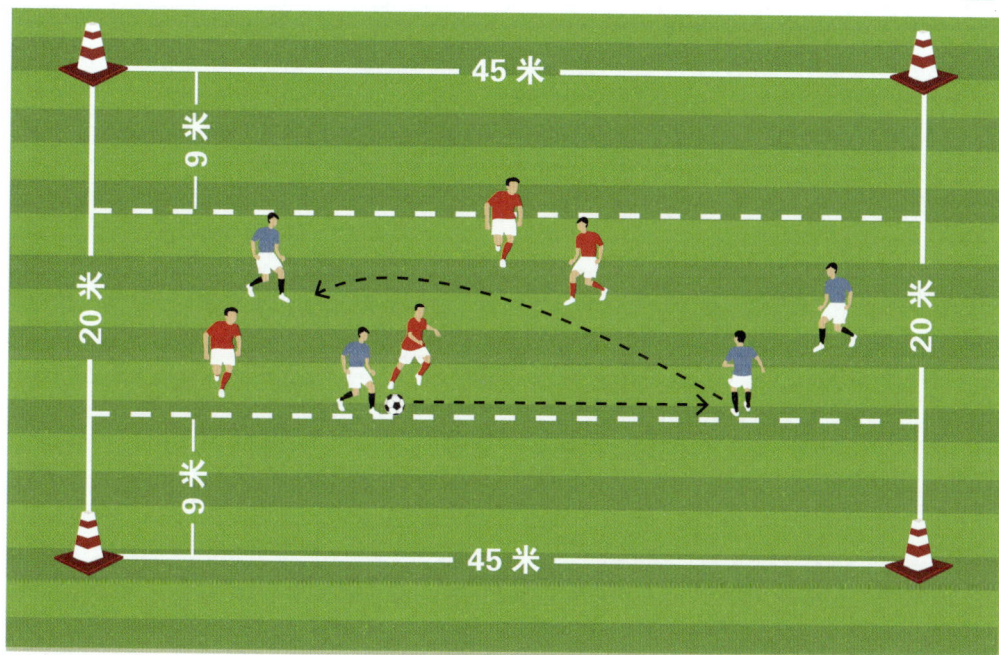

训练步骤

① 所有球员平均分为2组，每个小组防守一个球门区，比赛从中场开球。

② 控球方尽可能将球传给距离对方球门区较近的本组球员，成功传球得1分。防守方不能进入自己的球门区拦球。

③ 进攻方成功将球传入对方球门区，或进攻方将球传出界，或防守方拦截到球时，交换控球权，比赛继续进行，最后累计得分最高的小组获胜。

知识点

向球门进攻可以培养球员在一定比赛压力下向危险空间组合传球的能力。练习过程中，进攻方传球的速度要快，善于改变球的方向；防守方则要向进攻方施压，并封锁传球空间。